每一分微小的良善都值得肯定

每一朵花儿的绽放都值得期待

——我的教育观

融合化育

RONG HE HUA YU

农村学校的强校之路

NONGCUN XUEXIAO DE QIANG XIAO ZHI LU

卫东浩 著

学林出版社

序

2020年的最后一天，在浦东一所农村学校，我看到一台文艺节目，演员是一群可爱的孩子，他们表演得很好，有良好的专业素养。校长告诉我，这只是学校社团的一些成果，学校还有很多属于孩子的社团，他们的合唱团、足球、古筝，都请到了专业级别很高的教练为学生提供指导。

活动结束后，我突然意识到，这是一所随迁子女占到70%的农村学校。但是那些跳舞的孩子，谁是上海本地的？谁是随迁子女？在现场、在学校中并不能辨别出来。我想这就是教育的魅力，教育让本地孩子和随迁子女融为了一体。读书不仅可以明智，也是一个教育的过程。知书达理，读书的过程就是一个明理的过程，一个道德品质培育的过程，一个行为外化的过程。这便是我在凌桥中学看到的景象。在凌桥——浦东最东北、城市化程度并不高的一个地方，让我看到有这样一所好的学校。在这所学校里，我看到的孩子们眼里有光，充满对未来的期待和希望。我想这也正是海派文化的浸润，兼容并包，为每一个孩子的成长提供了最好的土壤。

我与卫东浩校长已相识多年。他扎根一线教育实践，其中有较长的教育经历都投身于农村学校。他始终以积极的心态对待任教的每一所学校，在继承学校传统的同时，尽其所能帮助学校做出改变。我想这本书可以让我们领略到的，正是他身上所经历的这些“变”与“不变”。

变。卫校长在不停地探索农村学校的改变——对学校积极诊断，认真研究、分析学校发展实情。从小处着手，找到合作策略，帮助教师，引导学生参与，谋求家长协作，共同改变班级管理；温馨教室，培育班级文化、学校文化。从大处着眼，思考价值观教育融入学生发展、教师发展。以价值引领，注重文化建设，注重师生的精神成长。他经历的每一所学校，都在他的积极行动中，提升了办学质量，教师和学生都有所成长。

不变。卫校长面对教育工作，始终保持着积极的心态和高度的热忱，他积极学习新知，在学校践行教育本心，为学校寻找到发展的机会，不断思考学校发展。实施成功教育，相信并希望每个孩子成功，帮助学生实现自己的发展。农村学校自有其学校特点和发展规律，基于学校本身的办学质量、家长满意度以及社区融入的提升才是学校发展的应有之义。

本书中，既有学校管理的理论思考，又有丰富的实践案例，基于学校的校本化实践，彰显出紧贴时代精神的农村学校的强校措施，以学生为本，从班级管理、班级文化建设、学困生转化、家校合作等这些具体问题的实践探索出发，有实务方法帮助教师和学校管理者去处理学校中常见问题，也有针对随迁子女学习困境调查分析，为当下的学校管理提供了真实优秀的样例。也希望这本书能够帮助大家更多地关心农村教育，更好地关注每一位学生的发展。

刘京海

2021.5.1

前言

2012年9月，国务院发布了《关于深入推进义务教育均衡发展的意见》，提出在城乡免费义务教育全面普及的前提下，“在区域之间、城乡之间、学校之间办学水平和教育质量还存在明显差距，人民群众不断增长的高质量教育需求与供给不足的矛盾依然突出”。“着力提升农村学校和薄弱学校办学水平，全面提高义务教育质量”是“深入推进义务教育均衡发展”的重要方向。

上海的城市化在高速发展中，但在这座大都市仍存有604所农村学校，这些学校因为城镇化水平和经济发展情况的不均衡等问题，与城区学校相比，往往因地处偏远，在城镇化发展和区域经济发展中处在边缘地位。农村学校的发展也受限于师资队伍的稳定性和学生优质生源的流失，办学质量提升较为困难。实现义务教育优质均衡是时代的应有之义，也是当下的重要命题。2018 年 11 月 15 日，浦东新区召开了“初中强校工程”推进会，推进“家门口的好初中”建设。坚持“办好每一所初中、成就每一名教师、教好每一位学生”的理念，按照“精准施策、注重内涵、提升质量”的思路，农村学校发展也迎来较大的机遇。

立足学校发展现状，把握发展机遇，推进学校持续发展，提升办学质量，让每一个孩子从“能上学”到“上好学”，是一名农村学校的管理者需要不断思考的问题。通过实实在在的“做”来改变学校薄弱的现状，通过一个个实际问题的解决来推动学校发展，这应是农村学校发展的一个价值取向。本书呈现的便是对于这一问题的实践探索。

作者在十几年的学校管理工作中，坚持“调查—研究—学习—实践—反思”螺旋上升的行动研究思路，以学校实际问题为切入口，以学生发展为最终指向，在持续的实践探索中，聚焦以班级为单位。在不断深入研究的过程中，从解决师生面临的实际问题出发，转向引领学生发展的价值观教育；从解决应知应会的规范引导，到提升自主发展能力的育人实践；理论研究也从“合作纪律”的借鉴开发逐步深化，实现对价值观和积极心理学理论的学习应用。

本书以基于学生发展的学校班级管理建设作为核心研究问题，以作者工作经历的多所学校作为实践场域，因地制宜，不断探索班级管理的经验，激发学生成长活力，通过系列调查研究和多年管理实践，从班级管理层面，探讨指向学生发展的农村学校办学质量提升。依托心理学、教育学、社会学等专业理论视角,以学校班级建设为论述主体,分别从班级合作、师生关系、班级文化、学生自主发展等四个方面,重点阐述了如何从学校中关注学生成长的现实问题出发,通过学习借鉴已有经验,引入结合本土化实践的管理机制,深度融合转化,提升教师专业发展水平;结合办学环境和生源特点,回应农村学生成长的现实命题。期待能够为处在农村学校的学校管理者和教师提供借鉴和参考。

目 录

第一章
善用合作纪律　构建和谐班级

2007年8月，我奉调上海市浦东新区顾路中学担任党支部书记，这所学校原属上海远郊川沙县。作为土生土长的川沙人，我了解她的历史底蕴和优秀传统——曾经的顾路中学以“勤奋”著称，十余年前的顾路中学，教师和学生勤学苦练，奋勇争先。而我看到的顾路中学正面临一些办学困境。在浦东新区，顾路中学是当时唯一附近不通公交车的学校，办学条件艰苦，教师队伍薄弱，学生生源以随迁子女为主；同时，因为邻近兴办新校，学校也面临着拆并的可能，优质生源流失率较高，问题学生不断增加。由此带来了一系列的问题，教师的教学积极性不高，所能够得到的专业支持较差，工作带来获得感和成就感弱。在这样的情境中，学校成员间关系也较为紧张，我不断思考，自己能做点什么。我决定从小处着手，结合个人的学习经验，并寻找到合作策略这一手段，从解决教师班级管理这一实际问题出发，改变学校办学环境。本章从关注学生健康成长的价值追求出发，探讨如何依据班级管理中的合作情况，更新班级管理的理念，通过创新管理实践，来创建一个和谐的班级共同体。

第一节　班级管理中合作情况的调查分析

班级是学校最重要的细胞。作为学校基本组成单元的班级，是生生之间、师生之间朝夕相处、共同培育心智、沟通情感的社会场所，也是一个与家长、社会密切相关的变化多姿、生生不息的生命共同体。班级是否和谐不仅会影响每个成员的情感、态度和价值观，还会影响整个班级学生个体的生存状态和班级的生活质量。创建和谐的班级氛围以激励每个学生积极进取、团结互助、不畏艰难、在学业上和道德上不断健康成长，成为班级建设中至关重要的任务。学生们渴望在一个“安全、文明、和谐、健康”的环境中学习、生活，而现实的情况却不容乐观。班级建设的差异性已经影响到学生的健康成长和全面发展。

一、合作纪律与策略

（一）合作纪律与策略的内涵

合作的概念早在 20 世纪 20 年代起就为社会心理学家所

关注，它强调个体与人际环境之间的交互作用。合作理论在教育领域的实践始于20世纪中期的美国合作学习法，是指让学生在小组中进行一系列学习活动并达成共同目标的一种教学理论和策略。合作策略的运用是一种有预见性、诊断性、矫正性的行动过程。要围绕构建和谐班级的共同目标，提高合作意识，调整师生之间、同伴之间（同事、同学）、家校间的功能和作用，共同找出和谐班级建设的积极有效的行动方案。实施之初，首先在学校范围内，通过调查的方式对学校中合作的对象进行了解，调查对合作学习策略的对象范围进行拓展，从研究“生生合作”拓展为“师生合作、师师合作、家校合作”的策略。

开展合作策略研究，可以引导和帮助教师解决班级日常管理（特别是课堂教学管理）的困惑和难题，克服职业懈怠，寻求适合班级管理和教育教学的有效策略，提升学校教师队伍的整体素质。因此，我们决定通过合作策略的研究来学习探索班级管理的规律和方法，尝试运用合作策略实现构建和谐班级的目标。

合作策略以合作纪律为基本依托。

合作纪律源于20世纪80年代琳达·艾尔伯特（Linda Albert）提出的“合作纪律”项目，是一种课堂纪律管理模式，强调教师、学生和家长三方合作，共同解决班级纪律实施这一问题。合作即放弃控制，共同承担责任。合作强调在学生、教师、家长三者共同成为合作伙伴。

合作纪律模式的实施重视学生行为的归属需要，关注学生心理需求，要求教师帮助学生做出正确的选择，使学生选择与教师和同学合作。合作纪律的基本方式体现为“三 C”原则：使得学生相信自己有能力（capable）；帮助学生与他人建立联系（connect）；通过民主决策，鼓励学生为班级做出贡献（contribute）。

第一个原则是帮助学生激发自信能力。对于“学困生”（学习成绩暂时落后的学生的简称）而言，因为缺乏自信心，容易过低地估计自己，萌发自卑感，在困难面前胆怯。针对这一原则，艾尔伯特还提出了五个方面的主张，包括允许学生犯错、通过过程性进步建立自信、强调成功经历、为学生提供进步证明、表扬成绩等。

第二个原则是帮助学生与他人建立联系。初中生与家长、教师之间需要更多的联系，同辈群体应维持良好的人际关系。建立联系的过程能让学困生获得更多的关注、赞赏、认同和喜欢，学生间可以更加的团结，更愿意接纳教师。

第三个原则是鼓励学生做出贡献。对于学困生来说，对班级、学校做出贡献是获得归属感的重要途径。通过建立积极的联系，让学生感觉到自己的价值。同时，学生、教师、家长共同进行班级管理决策，也能够让学生增强作为集体成员的责任感，教师的鼓励则能够帮助学困生提高自信心，培养良好的行为习惯。该原则与能力原则、联系原则相关联，学生通过承担责任，提高了自我效能感，从而更好地与他人建立积极的联系。

合作纪律在帮助学生最终获得班级归属感方面非常有效，受到管理者、班主任、学生、家长的广泛认同和普遍支持。该模式帮助教师与学生、家长、同事合作维护课堂纪律，共同将课堂建设成为积极安全的学习环境，提升学生的自尊感，养成学生良好的行为习惯和责任意识。①

（二）合作策略的价值

1. 运用合作策略，促进教师的专业发展

合作策略的运用，不仅仅是基于方法论的思考，更重要的是引导教师树立正确的教育观、学生观、质量观。努力做到教学相长，学学相长。面对班级管理中存在的矛盾和问题，教师首先要分析班情、学情，思考解决问题的一切可能性，分析总结创建和谐班级氛围的一切影响因子。教师结合本课题的研究，对平时教育教学实践中运用的策略进行归纳、提炼、总结，形成相对稳定且操作性强的策略，运用于实际工作中。用爱心、智慧、艺术丰富和完善这些策略。以研究的心态直面班级管理和教育教学中的问题，有利于克服工作中的焦虑情绪，提高自身的专业素养，获得教师职业成长的满足感和成就感，促进教师专业发展。

2. 运用合作策略，促进班主任队伍建设

中小学班主任作为中小学教师队伍的重要组成部分，是班级工作的组织者，班集体建设的指导者，中小学生健

---

① 谭娟. 美国合作纪律模式研究[D]. 四川师范大学硕士学位论文，2013.

康成长的引领者，是中小学思想道德教育的骨干，是加强和改进未成年人思想道德建设、全面实施素质教育的重要力量。中小学班主任工作面临着许多新问题、新挑战。经济社会的深刻变化，教育改革的不断深化，中小学生成长的新情况、新特点，对中小学班主任工作提出了更高的要求。班主任队伍本身的变化，也给班主任培训和培养带来了新的挑战。如 80 后，90 后“三独”身份（自己是独身子女、学生是独身子女、抚养着独身子女）班主任的出现，更是一个新的课题。《中小学班主任工作规定》（2009 年 8 月 12 日）的发布，进一步明确了班主任的职责和任务。班主任是中小学的重要岗位，从事班主任工作是中小学教师的重要职责。教师担任班主任期间应将班主任工作作为主业。班主任职责的明确，对班主任队伍建设提出了更加紧迫的要求。

3. 运用合作策略，促进班级管理创新

新课改的实施，将“育人”定位为核心价值。班级管理的价值追求理应与新课改的核心价值保持一致。班级管理不同于学科教学，它有着具体独特的价值内涵。班级管理是服务于学生的，而学生在班级中有着“生存”和“发展”两个基本需要，这就决定了班级管理的价值追求应当体现在两个方面：一方面，从服务于学生的生存角度看，班级管理的价值在于营造良好的生存空间，改善学生的生存状态，提高学生的生活质量；另一方面，从服务于学生的发展看，班级管理更为重要的价值在于促进学生的精神成长。

二、调查与分析

（一）调查概况

在反复征询班主任、任课教师、部分学生和家长的基础上，我们对调查问卷进行设计和修改，拟订了三套调查问卷——《班级构建过程中关于合作心理的调查问卷（教师问卷）》《班级构建过程中关于合作心理的调查问卷（学生问卷）》《班级构建过程中关于合作心理的调查问卷（家长问卷）》。

除了上海市顾路中学的教师、学生、家长全员参与调查外，上海市二工业大学附属龚路中学、上海市浦东模范中学、上海市金川中学、上海市东沟中学、上海师范大学附属高桥实验学校、上海市高桥东陆学校、上海市育民中学等也有部分班级的教师、学生和家长参与了问卷调查。共回收有效问卷2 210份。

调查结合学校实际，采用自编问卷，以无记名的方式在全校教师、学生及家长中展开普查。家校合作现状调查从教师、家长、学生三个维度设计了三套问卷，调查共回收教师有效问卷164份；回收学生有效问卷1 050份；回收家长有效问卷996份。

通过对7所学校的学生进行调查，调查对象在初一年级到高二年级的学生中随机抽取。根据问卷结果，了解到学生对与同伴合作、与老师合作、与家长合作的态度、现状和困难。这一调查结果为运用合作策略来构建“和谐班级”的研究设想提供了现实依据。

(二) 现状分析

1. 生生合作的现状分析

作业是学生每天必须完成的任务，调查显示，78.7%的学生作业是独立完成的，15.4%的学生会与同伴合作完成作业，只有极少部分的学生是应付了事或干脆不做。可见大部分学生选择独立完成作业。在回答“作业中遇到不会做的题目你会选择怎么做”的问题时，70%的学生选择“与同学合作探究”，15%的同学“主动找老师”，13%的学生“空着不做”，而有2%的学生选择“抄同学的”。从这个选择来看，在遇到问题时，大部分同学愿意寻求合作和帮助，尤其是愿意寻求同伴的帮助，但也有极个别学生希望不劳而获。

在学校生活中不仅有学习的任务，还有人际交往、班级事务和各种德育活动等，在面对这些课余的工作和活动的时候，同学们又是怎样的想法呢？调查显示，在班集体生活中，25.4%的学生表示经常与同学合作，56.2%的学生有时会与同学合作，这可能是他觉得有的事情一个人完成会有困难，所以需要依靠其他人的帮助；还有六分之一的学生表示从未或偶尔会与同学合作。有77.2%的学生认为双方的合作有利于自己的身心健康成长，有83.9%的学生认为合作完成的任务成功率高而且过程中的体验有利于班集体的和谐，但也有8.7%的学生认为合作浪费了时间、影响了个人的学习，还有6.4%的学生认为合作时场面会混乱，影响班级纪律。在与同学的合作过程中，学生表现的情绪也是各不相同的，86.7%的学生觉得愉快（预备年级的学生认为合作过程愉快的占94%），11.7%的学生在合作中体会不到什么感觉，还有0.9%的学生表示不愉快。数据显示，随着年级的增长，在合作中感到不愉快的比例在增加，这提示我们，合作策略应随学生年龄的变化而不断调整。

调查发现，很多学生愿意与他人合作，但也有部分学生不愿合作或者即便合作也觉得不开心。导致同学之间合作失败的原因主要是一些学生的心理障碍，通常可以分为以下三类：其一，同学之间观念不同，兴趣爱好不同，有的同学性格内向，不愿与同学合作；其二，合作的时候往往有一些强势同学占上风，造成合作不愉快；其三，有的学生对合作伙伴有看法，彼此不够信任，互不体谅，导致合作的失败。

从中我们可以发现，合作学习的一些策略亟须调整，这样才能更好地发挥合作学习的效能。

2. 师生之间合作的现状分析

在课堂学习中，教师通常会采取小组合作的学习方式来完成教学任务，对此，79.7%的学生能够积极参与，14.8%的学生表示虽然不太愿意但还是合作了，5.4%的学生是利用合作的机会聊天，还有0.5%的学生明确表示不愿意合作。

上课时，教师经常会提问，对此学生也表现出不同的心态。调查显示，举手回答教师提问的同学中对答案没有把握但又想试一试的占大多数；而不敢举手的也有一部分，还有的同学并不知道问题的答案，但为了表示自己愿意合作也举手。

从学生的作业当中可以看出学生对本堂课的掌握程度，这也从一个侧面表现了师生合作的状况。学生完成作业的情况不同，对待老师批改后的作业或时间的态度也不同。有82.8％的学生能及时订正作业，表明他们与老师的合作很好，达到了预期的学习成效；有12.8％的学生能在拿到批改的作业后及时订正自己的错误，通过进一步与老师、同学的合作来达到较好的学习成效；有3.1％的学生比较被动，被老师点名到办公室后才愿意与老师合作完成学习任务；还有1.3％的学生表示不愿意与老师或同学合作完成作业。调查中发现，年级越低，能够及时订正的学生就越多，中高年级能及时订正的比例下降到58％。但初三由于升学因素，及时订正作业的比例出现回升。

在回答“你认为哪一种学习效果更好”的问题时，有78.2％的学生认为“上课认真听讲，主动参与课堂活动，积极发言”效果最好；有11.9％的学生认为“与同学合作交流”效果好；绝大部分同学还是在与老师和同学的合作当中感受到了良好的效果，并以此为学习的一种好方法。还有7.4％的学生喜欢“自己探究弄懂”，认为同伴的合作无法达到解决问题的效果，还有2.5％的学生更愿意在老师的点名帮助下在办公室进行学习。

在问卷中，我们关注了害怕与老师合作的学生的一些想法，如：老师比较凶，怕老师批评，对办公室有恐惧感；害怕自己问的问题太简单，问出这样的问题显得“太丢脸”；不敢向老师请教，而宁愿和同学讨论或请教同学；办公室里有很多人，如果在办公室被某个老师批评，其他老师也会趁机批评。教师对待学生的态度无形中拉开了师生间的距离，使合作无法有效开展。

3. 家校合作的现状分析

家庭教育在很大程度上影响着学生在学校的情绪和表现，良好的家校互动往往能够帮助学生积极地面对学习任务。

首先来看学生与家长之间沟通的情况，中学阶段，孩子和家长之间的交流往往比与同学、朋友的交流少。在调查中我们看到，一些家长与孩子的沟通问题成为了学生在学校学习的障碍。在回答“在学校发生的事情，你是否会及时告诉家长”的问题时，有25％的学生表示当天就会跟家长说，有55％的学生表示有时会跟家长说，有13％的学生只说大事不说小事，7％的学生从来不会告诉家长。在回答“你是否会经常与家长交流”的问题时，35％的学生经常与家长交流，43％的学生偶尔交流，17％的学生在父母问起的时候才会说，5％的学生不愿与家长交流。有48％的家长经常与子女交流学习情况，34％的家长有时交流，13％的家长偶尔交流，而5％的家长从不关心子女的学习。

从以上数据我们看出，不少学生会主动把学校中发生的事情和自己的学习情况告诉家长，一半左右的家长也会主动关心孩子的学习情况；但有部分学生是有选择性地向家长讲述，与家长交流时显得比较被动；也有极少部分的学生从来不和家长沟通自己的生活学习情况。

代沟可能是造成学生和家长之间彼此不愿意交流的主要原因，但是也有一些家长在面对孩子的学习和在校表现时处理不当，而教师与家长的沟通技巧也有所欠缺。从下面两个调查结果中，我们可以看出学生对“老师联系家长”这一问题的态度。

“当班级里有同学表现不好时，你是否赞成老师经常联系家长？”对于这个问题，只有11.9%的学生表示赞成，有51.1%的学生认为要看犯了什么错，还有37%的学生不赞成或者根本无所谓。据此看来，学生不太喜欢教师一遇到事情就告诉家长，而有的学生则已经对这样的做法表现麻木。对于“当你在校表现不好时，老师主要采取的方式是什么”的问题，77.8%的学生选择“谈心交流，耐心辅导”，表明老师对联系家长的做法还是谨慎的，11.1%的学生选择“打电话告知家长”；7.8%的学生选择“要求家长来校”，还有3.3%的学生选择了“批评我，冷落我”，教师采取这种冷处理方式，一定程度也说明，有一部分家长不关心孩子的在校情况，教师即便联系了家长也没有用处。

良好的家庭教育和家校联动是帮助学生健康成长的重要基础。无论是学生、家长还是老师，都有责任为此付出一定的时间和情感，努力建立起良好的沟通关系。在学生的眼里，影响自己与父母交流的因素是多方面的。有家长的原因，也有自身的问题。

家长的原因主要表现在：父母工作忙，没时间交流；亲子双方存在代沟，观念不同，无法沟通，父母只注重学习成绩，给的压力太大；父母太严厉，说话的方式态度很生硬，经常发脾气，不讲道理，不容反驳，无法沟通。

学生自身的问题则主要是：作业较多，缺乏交流时间；性格内向，不喜欢交流；学习成绩不理想，经常犯错，害怕被家长责骂；自己个性较独立，认为依靠自己的力量就可以做好，不需要和父母交流。

因此，改善学生和家长之间的合作互动关系以及学生、老师、家长三者之间的关系，能够更好地解决一些学生实际面临的学习和生活问题，有利于推进和谐班级的建设。

三、改进措施

经过调查发现，在班级管理的过程中，教师存在着明显的差异。部分教师能做到有效地管理班级，体验到班级管理成功的满足感和幸福感。也有相当部分的教师面对新形势下班级变化的挑战感到困惑，如班级行为偏差学生人数的增加，教育措施落实的乏力，教育效能的低下，学科教师间关系紧张，学生家庭教育缺失，家长配合的不到位等等。面对班级管理过程中学生的不恰当行为，部分教师感到束手无策。他们迫切希望能运用一些有效的策略来建立一种良好的、积极的师生关系，甚至还包括教师与同事、教师与家长、教师与管理者之间的积极合作关系，从而有效地管理班级，提高管理的效益。如何提高我们的办学层次和办学境界，发挥好引领、示范和辐射作用，这是需要进一步解决的问题。

（一）改进生生合作策略，提升合作成效

在调查中，我们看到了学生在学习和参与班级活动中的合作状况，也证明了学生之间的合作学习、合作活动有利于培养学生解决问题的技能和责任感。对于合作中出现的因“观念不同、性格内向、彼此缺乏信任感”而造成的合作失败，或者“强势的同学占上风、骄傲自大、男女有别”而造成的合作不愉快等情况，我们需要采取一些促进合作的措施，推动合作学习的开展。

1. 明确学习目标

在安排小组合作学习之前，应该使学生明确学习的共同目标，如掌握特定的知识点或技能。强调共同的利益，进行明确细致的分工，才能使责任落实到每个小组成员，强化学生的角色，增强学生互帮互助的责任感。

2. 形成有效团队

在小组建立之初，需要让所有小组成员清楚有关的合作规则，明白各自应承担的责任与义务，具体职责可以根据学生各自的性格特点来进行分工，每个小组成员都必须承担属于自己的职责。有效合作离不开合理分工，合理分工是为了更有效的合作。每个团队成员都要充分发挥自己的长处，小组成员之间相得益彰，合作才会更加有效。

（二）改进师生合作策略，改变合作心态

美国心理学家罗杰斯认为：“成功的教学依赖于一种真诚

的理解和信任的师生关系，依赖于一种和谐安全的课堂气氛。”[①]调查显示，大多数学生与老师相处得比较融洽，在学习和活动中都能与教师形成良性互动。建立和谐、民主的师生关系，有利于形成良好的学习氛围，更有利于班级的和谐发展。调查也发现，相当一部分学生反映他们的老师比较凶，让他们有畏惧心理，对教师办公室有恐惧感等，表现出教师在与学生交往中的严厉态度。学生感觉到自卑，而害怕被老师责骂，害怕被其他老师耻笑等，也从另一个侧面反映了教师对学生的不满。所以，要改变师生之间合作的现状，需要师生双方的共同努力。

1. 把握“向师力”

“亲其师、信其道。”如果师生关系融洽，即使教师批评得重一点，学生也不会反感。但如果师生关系紧张，教师表扬学生，也有可能被学生误读；批评学生，学生更会认为老师与自己过不去，极易产生抵触、对抗情绪。由此可见，“向师力”在师生互动过程中占据十分关键的作用。

2. 善待后进生

对老师有畏惧心理的往往是一些学习困难学生。因为学习、自我管理等方面的问题，这些学生经常会受到老师的批评，但他们和其他学生一样有自尊心。所以当他们出现问题的时候，教师应理智、耐心地帮他们分析原因，给他们更多的帮助和温暖，让他们真切感受到教师的爱护和关心，这才能让他们心悦诚服地接受教育。而简单粗暴的训斥和讽刺等，往往会让学生

① 佐斌. 论人本主义学习理论. 教育研究与实验. 1998(02).

离教师更远，最终导致师生双方无法达成良好的合作。

（三）改进家校的合作策略，调整合作角色，推进班级和谐建设

在教育活动中，家庭和学校相互支持、形成教育合力，将促进学生在品德和学业及其他各方面的良好发展，促使其身心健康成长。但是家校合力的形成并不容易，需要家庭与学校彼此联动，共同努力。

1. 转变家庭教育观念

现代家庭教育观念强调关注孩子的全面发展、尊重孩子的人格发展和个性发展等。但长期以来的家教传统和应试教育观念使家庭教育在今天呈现出变革性与保守性并存的特点。绝大部分家长对孩子的关注仅限于学业成绩；也有部分家长教育方式过于单一，面对青少年活跃的思想粗暴压制。作为家长，应该摆正自己的心态，多关心、多赞赏子女，与子女互相信任、互相尊重、平等对待。这样孩子也会逐步地放下戒备心理，遇到困难主动告诉父母，共同寻找解决方法。作为家长，还应主动与班主任和任课教师保持联络，准确全面了解孩子的在校表现。尊重、信任、体谅孩子，维护教师在孩子心目中的威信。主动配合学校、教师对孩子的教育和帮助。

2. 发挥家校联系机制作用

家校联系一般以家长会、家长学校、家长接待日、家校联系手册等方式进行。随着现代通讯的发展，老师还可以通过网络、电话等形式及时与家长进行沟通。沟通时教师应该做

到：主动、平等、信任、存异。不能只在孩子犯错误时才与学生家长交流；不能一味对家长批评指责，使得家长饱受怨气，回家迁怒于孩子，导致学生产生与教师的敌对情绪。在家校联动中，教师主动、平等地与家长沟通与交流，要让家长知道教师对他们的孩子特别重视，事前要对学生各方面的信息做全面的了解，包括学习成绩、性格特点、优缺点、家庭基本情况以及教师为这个学生做了哪些工作等。这样，交流时就能让家长感觉到老师对孩子的关爱之心，家长也会受其感染，努力改善自己的教育策略，以形成良好的家庭教育环境。

第二节　合作策略在和谐班级构建中的实践与思考

一、合作策略运用的学校实践

根据调查结果，结合对教师、家长、学生的半结构式访谈①，分析可知学困生的形成原因可以主要分为以下三个方面：第一，学校地处农村，生源较之城市有较大差异。生源结构中，进城务工人员随迁子女占70%左右，学生流动性较大，班级管理不稳定，学生自信心和自制力不足；第二，学生进入

① 即按照一个粗线条式的访谈提纲而进行的非正式的访谈。[丹]斯丹纳·苛费尔、斯文·布林克曼著，范丽恒译：《质性研究访谈》，世界图书出版公司，2017年版，第3页。

初中后，面临适应新的学习环境和学习要求的情况，存在学习策略、听课方法上的适应性问题，需要支持。学习适应不良影响“学困生”的学习成绩和心理健康，而教师缺少对学困生适应性的足够关注，班级管理存在一定的功利性；第三，家长的受教育程度会影响家庭教育观念和方法，农村初中的家长受教育程度较低，家庭教育与学校教育之间缺乏衔接。

针对问题成因进行诊断后，学校管理者与教师深入研讨，结合学校办学实际，对于师生合作、同伴合作、家校合作和合作型纪律的运用，展开具体的实践探索。以四个子课题小组为单位，结合条线工作，运用合作策略，促进和完善班级管理。

（一）运用师生合作策略，改变合作心态

调查显示，大多数学生与老师相处得比较融洽，在学习和活动中都能与教师形成良性互动。建立和谐、民主的师生关系，有利于形成良好的学习氛围，更有利于班级的和谐发展。调查也发现，相当一部分学生反映他们的老师比较严厉，让他们有畏惧心理，对教师办公室有恐惧感等。学生感觉到自卑，害怕被老师责骂，害怕被其他老师耻笑等，也从另一个侧面反映了教师对学生的不满。所以，要改变师生之间合作的现状，需要师生双方的共同努力。

1. 运用表扬、批评或闲聊策略，融洽师生关系

如果师生关系融洽，即使教师批评得重一点，学生也不会反感。但如果师生关系紧张，教师表扬学生，也有可能被学生误读；批评学生，学生更会认为老师与自己过不去，极易产生

抵触、对抗情绪。由此可见，“向师力”在师生互动过程中占据十分关键的作用。

2. 运用有效奖励、提醒策略，帮助师生互信互助，理解沟通

对老师有畏惧心理的往往是一些学习困难学生。因为学习、自我管理等方面的问题，这些学生经常会受到老师的批评，但他们和其他学生一样有自尊心。所以当他们出现问题的时候，教师应理智、耐心地帮他们分析原因，给他们更多的帮助和温暖，让他们真切感受到教师的爱护和关心，这样才能让他们心悦诚服地接受教育。而简单粗暴的训斥和讽刺等，往往会让学生离教师更远，最终导致师生双方无法达成良好的合作。

3. 运用“班情报告会”策略，营造班级民主协商氛围

由值周班长通报上周本班的行为规范表现和主要事件，推荐“每周一星”，表扬先进，批评不足，提出本周和谐班级的创建目标。班主任老师做点评和辅导。“班情通报会”有利于及时沟通信息，及时化解矛盾，及时纠正错误。

（二）运用生生合作策略，创新合作形式

合作学习、合作活动有利于培养学生解决问题的技能和责任感。对于合作中出现的因“观念不同、性格内向、彼此缺乏信任感”而造成的合作失败，或者“强势的同学占上风、骄傲自大、男女有别”而造成的合作不愉快等情况，我们需要采取一些促进合作的措施，推动合作学习的开展。

1. 运用“特色小队”策略，安排小组合作学习

让学生有学习的共同目标，有共同的利益，有明确细致

的分工。如假日小队活动的组织和安排，分解责任，分工合作，完成小组目标。在小组建立之初，需要让所有小组成员清楚有关的合作规则，明白各自应承担的责任与义务，具体职责可以根据学生各自的性格特点来进行分工，每个小组成员都必须承担属于自己的职责。有效合作离不开合理分工，合理分工是为了更有效的合作。每个团队成员都要充分发挥自己的长处，小组成员之间相得益彰，合作才会更加有效。

2. 运用“安全阀”策略，建立班级安全预警

委托班级学生干部注意了解和掌握班级学生和科任教师的言语和行为表现。如发现有消极、埋怨、指责、偏激的现象，要及时向班主任老师报告。此种策略的应用，侧重于心理安全的考虑。

（三）运用家校合作策略，调整合作角色

教育活动中，家庭和学校相互支持、形成教育合力，将促进学生在品德和学业及其他各方面的良好发展，促使其身心健康成长。但是家校合力的形成并不容易，需要家庭与学校彼此联动，共同努力。

1. 运用约谈策略，帮助家长转变家庭教育观念

现代家庭教育观念强调关注孩子的全面发展、尊重孩子的人格发展和个性发展等。但长期以来的家教传统和应试教育观念使家庭教育在今天呈现出变革性与保守性并存的特点。绝大部分家长对孩子的关注仅限于学业成绩；也有部

分家长教育方式过于单一，面对青少年活跃的思想粗暴压制。作为家长，应该摆正自己的心态，多关心、多赞赏子女，与子女互相信任、互相尊重、平等对待。这样孩子也会逐步地放下戒备心理，遇到困难主动告诉父母，共同寻找解决方法。建议家长每周一次，与自己的孩子做正式的谈话。作为家长，还应主动与班主任和任课教师保持联络，准确、全面了解孩子的在校表现。尊重、信任、体谅孩子，维护教师在孩子心目中的威信。主动配合学校、教师对孩子的教育和帮助。

2. 运用多种形式的家校合作策略，有效发挥家校联系机制作用

如运用班级简报策略、家长陪读策略、家校 QQ 通策略、家委会例会策略、家长接待日策略等等，保持与家长的沟通。随着现代通信的发展，老师还可以通过网络、电话等形式及时与家长进行联系。沟通时教师应该做到：主动、平等、信任、存异。不能只在孩子犯错误时才与学生家长交流；不能一味对家长批评指责，使得家长饱受怨气，回家迁怒于孩子，导致学生产生与教师的敌对情绪。在家校联动中，教师主动、平等地与家长沟通与交流，要让家长知道教师对他们的孩子特别重视，事前要对学生各方面的信息做全面的了解，包括学习成绩、性格特点、优缺点、家庭基本情况以及教师为这个学生做了哪些工作等。这样，交流时就能让家长感觉到老师对孩子的关爱之心，家长也会受其感染，努力改善自己的教育策略，以形成良好的家庭教育环境。

(四)改进师师合作策略，提高合作成效

1. 采用“班级学情通报”策略，加强班主任和任课老师之间的合作

班主任承担着组建和谐班集体的重要职责。班主任要切实承担起协调班级学科教师的职责。在新课程条件下，要把教师“教”的过程变成学生“学”的过程，应更多地思考学生如何“学”，以学生的求学需求为主线，教师是学生学习的合作者、引导者和参与者，教学过程是师生交往、共同发展的互动过程。学生的需要和兴趣是教师施教的前提，对学生兴趣的了解、情况的掌握需要教师的合作。如学生的思想动态就可能因为不同的讲授内容、不同的讲课教师有不同的表现，在这里，班主任需要负主要责任，任课教师的合作也十分重要。在教育学习困难生的问题上，更需要所有任课教师施以耐心，辅以爱心，给予共同的关注，才能求得在原来基础上的进步。比如，班级中哪些学生是属于听课能力比较差、反应比较慢的，哪些学生是属于上课会分心的，哪些学生是会在下课抄作业的，哪些学生是会不做作业的，这些事情，比起其他老师来说，班主任是最清楚内情的。所以在办公室里时，班主任和任课老师应该相互合作，及时了解情况。每周相对固定的“班级学情通报”会，可以有效地分析，沟通班情、学情，实现教育教学的一致性。

2. 采用“班级团队”策略，加强跨学科教师间的合作

班级教师团队跨学科的合作，可以促进班级教育教学效

益的有效提升。从一定意义上来讲,团队的、任务型的交流要优于个别的、自主的交流。教师的年龄、性别、资历、性格是不同的,每个老师看学生的视角不同,对于学生的认识也是不同的。因此应该让教师个体“扬长避短”,小组群体“集长弃短”,用“长长相加”来弥补教师个体的“长短抵消”,从而最大限度地挖掘现有教师资源的潜力,提高教师整体的教学水平,适应培养学生综合素质的要求。比如,在一位班主任和搭班老师的谈话中,发现一个学生原来也很喜欢数学,之前只知道该生很喜欢英语。于是对该生进行了鼓励。结果,让这个学生有了很大的信心,从那次谈话后该生的成绩突飞猛进,从一个中等的学生一下子成为了班级中名列前茅的学生。现在回头想想,如果没有那次偶然的和搭班老师的谈话,那么可能班主任至今还没有发现该生的潜力呢。

3. 采用“主题分享会”策略,加强同一学科老师之间的合作

在教学过程中,师师合作的最大优势在于合作备课、协同施教、实施教学过程的通力合作。采用“主题分享会”策略,可以实现小组合作备课的最优化。小组合作备课是教学小组全体成员对完成某一单位教学任务的集体决策行为。从备课内容上讲,它应包括学习教学大纲,研究教材(分析知识结构,重点难点)确定教学目标,制订达成目标的计划和措施、教学的步骤、方法,训练的内容、方式及组内成员分工等。从方式上讲,它应包括合(集体决策)——分(分工备课)——合(达成共识)三个步骤。三者缺一不可。集体决策,为教学定向,避免

失误。分工备课，让教学组成员充分发挥自己的智能，落实教学方法，形成教学风格。最后通过交流修正，形成最佳施教方案。小组协同施教，就是小组成员细化分工，大范围合作，共同完成课堂教学和课后辅导的教学方式。对教师而言，是使每个教师都能充分发挥个体优势，对全体学生（全年级、全校）而不是部分（班级）实施有成效的教学；对学生而言，是使学生在每项学习内容方面得到高水平的教育。在合作形式上，可以是学科组内教师协同施教，也可以打破年级或学科局限，实行全校范围内的协同施教。

4. 采用“协同教学”策略，加强跨年级老师之间的合作

跨年级协同教学颠覆传统班级的教学形态，九年级教师清楚知道六年级教师的教学工作，六年级教师彼此之间亦进行良好的沟通，在学校中建立一个教师学习和发展的共同体。经过由教师学习型团队的活动开展，可以促进有意义的教育目的和教学活动的实现。在这个过程中，要发挥学科带头人和骨干教师等名师的作用。

跨年级协同教学的设计和实施，一方面有利于构建共同学习合作的学校教师文化，开展教师专业对话，实现资源共享，创造知识经验的价值；另一方面可以落实学生发展为本的理念，促进学生主动的思考和行动，激发学习动机，开发多元智能。跨年级协同教学的实施将可整合教师专长和教学资源，使学生获得更丰富的学习经验，是值得尝试推广的创新教学法。

主题学习网站平台是实施跨年级协同教学的有效载体。

网络中的合作可以尽量避免跨地域、跨学科、跨专业、跨年级的研究所带来的不便；同时，增加了不同学习时间、不同学习地点的学习模式，因此，构建跨学科、跨年级之间的合作，有极重要的意义。学生在网络上获取不同学科的知识，也可以随时向那些不同学科、不同年级的老师、同学请教，从中获取更多有关的信息。这种学习方式可以扩大学生的知识面，使学生更好地了解自己的兴趣以及能力水平，培养自主学习、自主发展的能力。

5. 采用“校际访问”策略，加强不同学校之间的教师合作

采取学校间的结对互动方式，促进教师的交流与合作。双方可以互派教师，进行主题研讨，举行分享活动。可以共享校园网资源，共享网络课程和网上论坛。

其优势和特点在于，校际交流有助于教师更多的关注同行的表现和自身的实践，一定程度上帮助教师克服懈怠心理，调整心态，培养自信，促进自己的专业发展；校际交流可以开拓教师的视野，给教师提供展示的平台。教师走出校门，与结对学校交流分享，可以扬长避短，取长补短，实现教师队伍培养的双赢。

二、班级管理合作策略

班级管理是一个复杂的系统工程，管理工作千头万绪，工作方法千差万别，形式和任务千变万化，我们要在实践中探索总结行之有效的方法和策略，使班级管理工作的水平不断跃

上新台阶。班级管理合作策略是教育管理者、教师、学生、家长等多方合作，在实践中以教师为主题研究出的系列策略。这一系列工程以合作策略为引导，指向学校全体达成关于“有效教育”的共识。“有效教育”是指通过教师引起、维持和促进学生学习的所有行为，在一段时间的教学后，使学生在品德、知识、个性诸方面所获得的具体进步和发展。有效教育的关键与核心是指向学生的具体进步和发展，而对教师教育教学的评估则指向教育教学效益。在合作策略的开发与迭代过程中，教师也共同总结出三步方法：

第一步：认识问题。

从了解问题入手，关注班级和课堂，了解师生关系的现状。基于班级管理的合作策略，从学校现实的德育工作和日常的班级管理中发现问题、组织问题。同时，问题还源自课堂、管理人员、教师、学生、家长的困惑。比如，有学生问：“为什么我向教师问好，有的教师对我不理不睬?”有的教师烦恼：“接待家长，有些家长一说起来，就喋喋不休，教师无法控制时间怎么办?”有的家长说：“为什么教师总是到了孩子有问题了，才告诉我们，事先难道教师不能采取一些预防措施吗?”年级组长说：“班级的差异太大，有些问题学生对班级的干扰越来越严重。”政教主任说：“每学年的班主任安排很头疼，特别是有了绩效工资后，愿意当班主任的教师比以前少了。”诸如此类的问题在学校中时有发生，而其带来的确是来自实践的真实困扰。于是，教师一起，通过归类梳理，研究班级管理中的实际问题。

首先，通过查询相关研究资料。课题组通过情报资料分析，借鉴同行的研究成果，收集班级管理、课堂管理、师生关系中的常见症状与问题。其次，通过课堂观察、问卷调查，整理来自学科教师、班主任、年级组、政教处等部门的典型案例。最后，结合每个学年度对全校所有师生和家长收集问题，进行动态分析。最终，使得我们教师对于班级中针对纪律问题，尤其是师生关系常见的症状和问题有了整体的了解。

第二步，分析问题。

运用合作纪律理论，对问题的症状进行分析，提出有针对性的合作策略。首先，分析了班级管理的差异。有些教师能做到有效地管理班级，体验到班级管理成功的满足感和幸福感。也有些的教师面对新形势下班级变化的挑战感到困惑：如班级行为偏差学生数的增加，教育措施落实的乏力，教育效能的低下，学科教师间关系紧张，家庭教育缺失，家长配合不到位，等等。面对班级管理中学生的不良行为，部分教师感到束手无策，个别教师甚至情绪低落，消极应付。其次，分析了课堂管理方式的差异。教师们选择了不同的课堂管理方式。有些是放任（放手型），有些是专断（掌控型），有些是民主（合作）型。不同的管理方式呈现出不同的管理效益和班级状态。

通过分析，我们知道学生的行为基于主动选择，学生的行为源于归属需求，学生如果选择在班级中实施不良行为，那么他们所追求的东西通常符合“吸引注意、争夺权力、寻求报复、避免失败”四个目标中的一个。教师通过识别学生在班级中的行为目标，认识不良行为四个目标的积极特征、消极特征、行为根源和可取之处，就能预先控制学生的不良情绪，有针对性地采取对策。第二步的做法，使得我们教师首先做到“应知”，对于班级管理中的问题，选择相应的策略。

第三步，解决问题。

鼓励教师借鉴、补充、创新合作纪律策略，在实践中解决问题。作为学校管理者，搭建一个平台，汇总在实践中教师总结出的策略，帮助全体教师习得，并鼓励教师积极尝试、研究和改变。最终，阶段性形成了36项推进学生发展的班级管理合作策略。

表1-1　班级管理合作策略

师生合作策略	同伴合作策略	家校合作策略	合作型纪律策略
班级誓词策略	“心之桥”书信策略	约谈策略	表扬策略
周记沟通策略	“音乐教室”策略	合约策略	批评策略
有效奖励策略	“出气筒”策略	温馨提示策略	闲聊策略
争议协商策略	“安全阀”策略	班级简报策略	提醒策略
班级日志策略	“学情通报”策略	家长陪读策略	妥协策略
班委会例会策略	“特色小队”策略	家校QQ通策略	回避策略
承包责任制策略	“主题分享”策略	学校开放日策略	强制策略
班情报告会策略	“协同教学”策略	家委会例会策略	克制策略
班级联谊会策略	“校际访问”策略	家长接待日策略	文本契约策略

三、成效与思考

合作策略的运用是一种有预见性、诊断性、矫正性的行动过程。围绕构建和谐班级的目标，学习合作理论，提高合作意识，调整师生之间、同伴之间（同事、同学）、家校之间的功能和作用，有助于共同找出和谐班级建设的积极有效的行动方案。合作型纪律是合作学习在纪律方面的有益探索，主要包括班级管理的基本原则、师生、同伴、家校交流的方法技巧、问题解决的重要步骤等。合作型纪律和合作策略的研究与实践有助于提高师生、家长的合作意识，共建和谐的班级纪律。

（一）实践效果

合作策略运用于班级管理在学校实施历时多年。教师在班级管理中，从对“学困生”的行为矫正逐步转化为对学习适应性不良的预防和干预，使学生、教师、家长乃至学校周围的社区之间，建立起积极的关系。通过合作纪律管理模式的持续推进，学校营造起一个安全、文明、重视学习的温暖的环境，班级文化也融入价值教育，教师协助“学困生”摆脱了以前的不良行为，学生获得较大的鼓励。在学生参与的班级事务管理中，“学困生”进一步提升了自尊与自信心，同时，在教师、家长和学生的合力作用下，“学困生”形成了适应性的积极发展行为，学生学业质量和学校文化建设不断提升，学校在区强校工程的质量评估中也屡获佳绩。

（二）反思与启示

追求良好的师生关系是我们的目标，师生关系是师生幸福感的出发点。为了改善师生关系，促进有效教育，我们都希望有这样一种班级环境，使教师能更好地教，学生能更好地学，家长能更安心地面对孩子学习成长的过程。我们担心的是，这个目标是否太理想化。但是，我们坚定地认为，和谐班级的目标，是符合“为了每一个学生的终身发展”的育人理想的。

本研究是想帮助教师、学生、家长确立促进合作的精神，形成观察研究的心态，采取积极主动的策略，营造一种合作共赢的氛围。我们倡导对给予学生更多更好的关注：关注每一个学生，关注学生成长的每一个方面。我们提炼和归纳的策略和技巧，并不能解决教师、学生、家长日常遇到的所有问题，但我们希望通过本课题的研究和实践，倡导一种勇于直面问题，积极思考对策，有效解决问题的意识。教师、学生、家长共同创建一个安全、有序、文明、健康、自主、和谐的班级环境来促进学生的健康成长。

在研究过程中，也有一些疑惑和顾虑。如合作型纪律的认知和运用，就会遇到德育规范量化实效性的问题。学生的德育评价能否如同学习成绩一样，予以经常性的定性和定量的分析和评价？我们本想面上推广，但考虑到德育评价的复杂性与可操作性之间的平衡，仅在“契约文本”中选择了“合约”策略作为班级日常管理教育的辅助和补充。这与预设的系列文本的策略已经有了极大的变化。但这种变化是必须的，因为策略的运用必须要有可操作性。关于班级管理的文本化策略，在今后的实践中可以进一步深化和检验。

和谐班级的建设，还有很多问题需要深入研讨。如，班级环境建设的硬件投入力度能有多大？班主任如何与任课教师有效沟通形成合力？如何使温馨教室建设成为学校的长期行为？如何采取适当的措施把好的合作策略固化下来？班主任、科任教师、学生、家长能不能坚持？

合作策略的运用，对于改善班级的社会心理气氛，提高班级生活的质量具有重要的作用。但是要有效地实施合作策略，并非一件轻而易举的事。合作的概念本身并不难理解，但是在复杂、多元的社会背景下，要把强调竞争性学习和个人化学习的课堂转到以合作为主流的班级文化建设上来，这的确需要一个不断实践的过程，需要教师、学生、家长付出相当的努力和艰苦的探索。

第二章
建设“温馨教室”构建良好师生关系

在历经两年多的合作策略实施，顾路中学的学校环境和氛围显著提升，师生的基本行为规范引导日趋成熟。2009 年顾路中学获评区级文明单位。学校通过合作型纪律和合作策略的运用研究，促进了和谐班级的建设，取得了一定的成效。那么如何在已有的发展基础上更进一步，推进和谐班级建设，构建良好的师生关系，促进有效教育的发生？“温馨教室”概念的提出为学校发展的思考带来了新的契机。

2008 年底，上海市教育委员会印发《关于推进上海市中小学“温馨教室”建设的指导意见》（以下简称《意见》）的通知，提出从良好的班级人际环境、愉悦的课堂教学环境、健康的自身心理环境、舒心宜人的物质环境等四个方面切实加强“温馨教室”建设。同时，也提出了“以人为本，共建共享、追求和谐，关注过程，自主创新”四项原则。《意见》的提出使更多的学生将在学校这个“温馨”的“家”中感受并获得真正的幸福。结合学校已有的发展基础，学习理解《意见》要求，以“温馨教室”建设为载体，进一步深化学校师生关系提升，成为学校的发展方向。

第一节 师生关系的调查分析

一、师生关系的现状

“温馨教室”是指以班级为组织形式的民主、温馨、和谐的教育环境，是超越物理空间的、由师生共同营造的、能满足师生合理需求的、为学生全面健康成长和教师发展而创造的教育环境。“温馨教室”是和谐校园的班级基础。归根到底，建设“温馨教室”就是关注学生的成长，关注教师的发展。

在“温馨教室”建设开展之初，学校进行了多种形式的调查研究。作为德育的重点工作，学校首先通过对师生关系现状的调查，积极捕捉师生关系中的热点问题。在新课标实施过程中，相对于传统教学模式，师生关系也发生了一些变化。初中学生的特殊性决定了初中师生关系的特殊性。生源结构的变化，引发出一些新情况、新问题。研究改善师生关系，促进有效教育是学校内涵发展、科学发展、可持续发展的需要，也是良好教育环境建设的重要切入口。

二、调查方式与结果分析

顾路中学 2009 年的师生关系调查覆盖全校 28 个班级，991 位学生，86 名教师，问卷主要关注师生的主观体验以及对于师生关系的影响因素。另外，我们通过征文的形式，以“我心目中的美好校园”“美好班集体”为主题，面向全体师生征集文章。不以“好坏”作为评判标准，而是请师生通过以是否“恰当”来界定在学校中的教师或学生的行为，同时邀请其针对问题提出建议。通过对问卷分析，结合征文中的师生表述，关于师生关系可以从以下几个方面得到反映。

（一）师生关系的现状与影响因素

本校师生关系总体情况是好的。调查显示，绝大部分(92.5%)师生对目前的师生关系主观上感到满意，认为学校校的师生关系是融洽和谐的。98.2%的教师认同师生关系的质量会直接影响教育教学的质量。但是，也有少数教师(8.1%)在面向全体学生、关爱每一个学生方面，理念认知并不足，尤其在把握教育与训诫的方式方法上，存在偏差，导致师生关系的不和谐。这表明，尽管在合作策略的持续推进中，教师获得了应知应会的规范性策略，但仍存在良好关系把握上的不足，在后续具有一定的提升空间。

通过对师生关系影响因素的分析，可以发现师生的共同关注点都聚焦在知情意行的统一，具体包括四个方面：一是理念与行为统一；二是教育与训诫的统一；三是学校教育与家庭教育的统一；四是策略运用与教育效果的统一。

（二）对良好师生关系的期望

1. 学生心目中的好教师

在对“学生心目中的好教师是什么标准”一题的回答中。按重要程度排列依次是：对学生一视同仁、尊重学生人格的教师（92.6%）；有创造性、思想跟得上时代的教师（91.3%）；有幽默感的教师（88.1%）；关心、爱护学生的教师（80.4%）；衣着整洁大方的教师（78.5%）；准时下课、不拖课的教师（73.2%）；教学质量好、教学生动有趣的教师（72.8%）；勇于承认错误的教师，努力提高教师修养、人格健全的教师（67.9%）；善于与学生交往的教师（64.7%）。

另外，学生在这些选项之外还列举出了多种他们喜欢的教师。具体有有爱心、不随便骂学生的教师（96.8%），态度好、少惩罚学生的教师（85.2%），不乱发脾气、知识面广博的教师（93.7%），理解学生、关心学生内心、教育方法正确的教师（92.5%）。

2. 教师心目中的好学生

对“教师心目中的好学生是什么标准”这一问题的回答中，按重要顺序排列依次为：学习态度端正的学生（92.6%）；对教师尊敬的学生，学习成绩好的学生（90.5%）；能为班级做事，并能做好事的学生（87.4%）；在学生中有号召力的学生（86.1%）；外表看上去舒服的学生（80.3%）；有个性的学生

(77.2%)；家庭支持保障好的学生(50.3%)；善于与教师交往的学生(47.6%)。

三、小结

经过调查与分析，我们认识到：师生关系的状况，对教育教学质量有着重要的影响。这种影响，可能是显性的、瞬间的、暂时的，也可能是隐性的、长期的。这就需要有明确的评价良好师生关系的指标来教育、示范、引领。

“班级文化”这个词是一直有的，校园文化也一直被讨论。但怎样使得一切在“润物细无声”中改变，让每一堵墙、每一棵树都“说话”？教室环境的“温馨”体现在哪里？经过一系列的访谈和调查，我们更加深刻地意识到，“温馨教室”是一种氛围，是成员一种契约的体现，更反映出一份责任和归属感。当一个人说家是温馨的，就是渴望回到这个地方，渴望沉浸其中；而当我们说教室是温馨的，则是要让学生觉得班级小集体是他需要的，能够助力他的成长，因此我们开始了“温馨教室”的建设。

第二节　“温馨教室”建设的实施策略

一、“温馨教室”实施目标

基于学校实际发展情况，在“温馨教室”的推进中，师生关系是首要指向和重要切入口。师生关系是在学校教育教学过程中，教师和学生双方为了共同的发展目标而进行并形成的社会关系、教学关系、人际关系等，但又以教与学的关系为主的交往关系。

追求良好的师生关系是我们的目标。师生关系与学生的学业水平呈明显的正相关。师生关系的状况直接影响到教育的有效与否，关系到师生的校园生活质量。教育的有效性最终要落实到学生的发展上，落实到教师的自我成长上，落实到师生幸福感的提升上。本阶段的研究和实践，就是希望从关注学生健康成长、关注教师专业发展的价值追求出发，寻求和运用积极有效的策略，改善师生关系，促进有效教育。

二、打造“温馨教室”的实施策略

（一）建立师生关系评价指标体系

经参照有关教育法律法规要求，结合学校师生关系现状，我们拟定了《学校良好师生关系评价指标体系》，从教师、学生、家长、社区四个维度，对良好师生关系的评价做出明确的界定。以此来规范、引领、督促、评价良好师生关系的建设。评价指标体系的制订、修改、讨论、完善的过程，也是教师、学生、家长学习和实践的过程。希望通过评价指标体系的建立，发挥在改善师生关系，促进有效教育过程中的判断、预测、选择和导向功能。

教育部推出了《中小幼学校教师专业标准》（试行）讨论稿，上海市教委此前推出了以关注学生健康成长为核心，以全面发展为主旨的《上海市中小学生学业质量绿色指标》（试行）评价体系，旨在引导各学校、家长和社会树立全面的教育质量观，丰富学业质量评价的内涵，以利于建立良好的教育生态。其中明确了良好的师生关系是提高学校教育质量的保证。如何促进师生关系的良好发展，成为衡量这一评价体系实施有效性的关键。

在研究目标中，我们将良好师生关系评价指标分析列为研究问题之一，目的就是要分析现行的师德规范要求的落实情况以及对师生关系的影响。希望通过师生关系评价指标的分析和调整，有针对性地改善师生关系。该体系分别从教师、学生、家长、社会四个角度提出要求。

1. 教师方面

师德良好。要求教师爱岗敬业，乐于奉献；治学严谨，为人师表；教书育人，彼此欣赏；终身学习，探索创新。

方法科学。指教师的学科知识扎实，教学方法多样；教学民主、善于倾听，宽严得当；处事公平，赏罚分明，注重引导；善于与学生家长联系，注重家庭教育指导。

心理健康。指教师具备积极、乐观的良好心理品质；较强的情绪控制能力；良好的自我意识，自我反思能力；尊重学生人格，发展学生个性。

2. 学生方面

勤奋好学。要求学生努力学习、刻苦勤奋，养成良好学习习惯；善于表达自己想法，勤思好问、乐于探究；认真完成教师布置的作业；努力提高学业成绩，不断进步。

尊师守纪。要求学生尊敬师长，虚心受教；上课认真听讲，积极发言；善于倾听，主动与教师沟通交流；遵守校规校纪，有集体荣誉感。

心理健康。要求学生有强烈的求知欲，乐于学习；善于控制和调节自己的情绪；恰当评价自我，有自信心；乐于交往，宽以待人，乐于助人。

3. 家长方面

尊重教师。要求家长尊重教师的人格，配合教师做好各项工作，主动与教师沟通、交流。

关心子女。要求家长关心孩子学习，适时做好辅导工作；善于与孩子沟通、交流，使孩子健康成长；重视言传身教，提供良好的家庭环境。

加强学习。要求家长做到主动学习，提高自身修养和教育水平；学会与教师、孩子沟通的技巧；关注学校发展，对学校能提合理化建议。

4. 社会方面

舆论积极。指倡导全社会尊师重教的风气；营造良好的教书育人环境；发挥舆论对教育事业发展的促进作用。

措施切实。要求保护学生、教师、学校的合法权益；支持学校的建设，参与学校管理；建立和发展校外教育的场所和设施。

（二）运用合作策略，改善师生关系，促进有效教育

学校运用师生合作、同伴合作、家校合作和合作型纪律策

略,进一步开展改善师生关系的实践与探索。在已有的四个模块(36 个策略)的总结归纳中,又进一步筛选、整理出 36 个相对应的案例。

1. 运用师生合作策略,改变合作心态

师生合作策略模块,主要有班级誓词策略、周记沟通策略、有效奖励策略、争议协商策略、班级日志策略、班委会例会策略、承包责任制策略、班情报告会策略、班级联谊会策略。

2. 运用合作型纪律策略,协调班级矛盾

师生合作型纪律模块,主要有表扬策略、批评策略、闲聊策略、提醒策略、妥协策略、回避策略、强制策略、克制策略、文本契约策略等。

3. 运用生生合作策略,创新合作形式

同伴合作策略模块,主要有"心之桥"书信策略、"音乐教室"策略、"出气筒"策略、"安全阀"策略、"学情通报"策略、"特色小队"策略、"主题分享"策略、"协同教学"策略、"校际访问"策略。

4. 运用家校合作策略,调整合作角色

家校合作策略模块,主要有约谈策略、合约策略、温馨提示策略、班级简报策略、家长陪读策略、家校 QQ 通策略、学校开放日策略、家委会例会策略、家长接待日策略。

5. 运用师师合作策略,提高合作成效

师师合作策略模块,主要有"班级学情通报"策略、"班级团队"策略、"主题分享会"策略、"协同教学"策略等。

6. 利用“主题学习网站”平台，构建网上“温馨教室”

学校主题学习网站的平台 Moodle“魔灯”系统，是一个比较成熟的网上教学平台，已经在过往的几年中被充分利用到了各学科的教学中。我们利用这个平台建设网上“温馨教室”，有“班级博客”“风采展示”“班级主页”“互动天地”等栏目。

三、“温馨教室”建设的成效与思考

（一）实践成效

“温馨教室”的建设为学校实施有效教育提供了重要载体，基于教师、学生、家长的共同讨论，也基于合作策略的有效实施，最终学校也凝集成温馨的场所。学校通过教室小环境，硬件水平的提升和氛围营造，结合图书馆、运动场的建设，同时，围绕中学生的德育发展，习惯养成，以及学校彩虹奖的评选活动，最终将学生的行为规范也融入教室建设之中，营造出为了学生发展的办学场景，构建起良好的师生关系。

一位老师曾经记录了这样一个故事：

> 小 A 是我们班级普通得不能再普通的一位女同学，长相普通，成绩普通。她的主要问题是冷漠，对很多事都是抱着无所谓的态度，并且眼中缺少那种对人的尊敬态度。发现她的问题后我原本是准备了一大篇教育的话，能管则管……但参与这次课题研究的经历提醒了我，策

略可以有很多，要从源头抓起。她的问题主要是来自单亲家庭，而且她的爸爸没有很好的教育能力。另外，作为中等生在集体生活中也缺乏唱“主角”的机会，自以为处在冷漠的关系中。这个时候，我想到运用家校合作策略给予家长一些家庭教育的指导和帮助。运用有效奖励策略帮助小A扩大交往，体验亲情、友情，融入集体。现在的小A呢？在她的成长记录册上我是这样写的：“小A，你是一个聪明的姑娘，说实话，老师刚开始对你并不太满意。一次次的教诲，一次次的期待，我在等一个勤学、积极，热情的好姑娘出现。而现在她已开始向我们走来。老师越来越喜欢你，祝福你，可爱的女孩，期待收获季节你能嫣然一笑。”

一位教育家说过：教育的责任在于唤醒。当我们唤醒了他们心中的真善美，孩子就会还我们一个阳光明媚的世界！

（二）反思与启示

1. 提升教师的职业素养是构建良好师生关系、促进有效教育的基石

教师应当像工程师、医生、律师等从业者一样，真正成为一种专业人员，具有不可替代性。教师的专业知识素养、专业技能素养、专业伦理素养直接影响到师生关系，影响到有效教育。“无效地教”“低效地教”，不是促进“学”，而是阻碍“学”。

有效教育意味着通过“教”使学生获得发展，这是新课程对“教”的有效性的定位。

2. 增强教师的职业幸福感是构建良好师生关系、促进有效教育的重要因素

教师要克服职业倦怠。教师积极的情感、健康的心理会激发学生积极的情感，促进学生健康心理的形成，对良好师生关系的建立有积极的影响作用。因此教师要适时地调整自己的心态，学会理性妥协，降低自己的期望值，寻找成功感。因此，在教育形势发展变化的过程中，重视师德师风建设，确立教师专业规范，促进教师专业发展，增强教师的职业认同，至关重要。

3. 确立班级经营理念，学会运用合作策略是构建良好师生关系、促进有效教育的有效途径

面对成长中的学生，教师要完成教书育人的任务，需要正确的教育教学理念的指导，更重要的是要在日复一日，年复一年的工作中，用发展的眼光，用经营的心态，用合作的策略来处理家校关系、同事关系、师生关系。努力学会学习，学会沟通，学会合作，只有这样，才能增进理解，消除误解，融洽关系，教学相长。

4. 学生的自主自理是构建良好师生关系、促进有效教育的关键因素

学生要认识到良好师生关系对自己成长的积极作用。良好师生关系的构建需要师生双方的共同努力。当学生获得教师的信任、赞美时，他便感觉获得了支持，从而增强了对自我

价值的认同，变得自信、自尊，获得一种积极向上的动力，并尽力达到对方的期待，以避免对方失望。同样，当教师得到学生的爱戴和尊重时，教师的职业幸福感和成就感会得到满足，职业价值会得到肯定，教师对学生的爱和关注会投入更多。

5. 社会支持是构建良好师生关系、促进有效教育的重要保障

学校教育要努力寻求有效的社会支持系统。如家长的理解和支持、家庭教育与学校教育的配合、师资力量的均衡化，改变考核评价机制，给教师以相对宽松的心理环境，使教师能心平气和地从事教育教学工作，这需要得到社会多方面的理解和支持。

在本阶段的管理变革进程中，我们本着以深化合作策略研究为主要目标，结合“温馨教室”的政策导向，基于现状调查，认识到学校急需完善和改善的师生关系指标，在修订良好师生关系评价指标体系的基础上，辅之以合作策略的运用，努力改善着师生关系。研究过程中，校园生活发生了静悄悄的变化：课堂教学变了，学生变了，教师变了。学校变得温馨了，师生关系变得融洽和谐了，教学质量变得更加有效。我们一方面为这种变化而感到欣喜，另一方面，又为在这一研究和实践中不断发现的新的事件进行经验总结。我们也逐步意识到，基于“温馨教室”的建设之外，良好师生关系的建设，还需从广度和深度上不断拓展，增进内涵，提升质量。

第三章

融入价值观教育　改善班级文化

党的十八大以后，中央高度重视培育和践行社会主义核心价值观。习近平总书记多次作出重要论述、提出明确要求。2014 年 2 月 24 日，中共中央政治局围绕培育和弘扬社会主义核心价值观、弘扬中华传统美德进行集体学习。在顾路中学的管理实践中，我们从合作纪律的行为规范探索到“温馨教室”建设，始终秉持从学生日常出发，探索学校改进的可能。伴随着学校不断发展，学校与社区深度融合，作为管理者，我们越发体会到学校作为社区价值高地的重要性，而成为社区价值引领的榜样是农村学校的责任和义务。作为一所农村学校管理者，如何增强学校价值观教育，推进学校文化建设，并对社区文化形成反哺也成为学校建设中的时代命题。

随着经济建设的不断发展，学校办学环境发生较大的改变。学校生源结构中，进城务工人员随迁子女的比例逐年增大。这一时期的班级工作也随之出现一些新的问题：一是学生流动较大，班级管理不稳定；二是家长的受教育程度整体偏低，部分家长教育方法简单粗暴，学生家庭教育缺失；三是生源的变化导致部分教师产生职业困惑和职业懈怠，班级管理存在形式化、浅层化、随意化现象。尽管已有的合作策略以工具方法的形式，为教师提供了一定的抓手。但作为学校管理者，希望结合价值观教育，改善整体的教育效果。因此，探索农村初级中学价值教育实施，寻找贴近性、对象化、接地气的方法和途径，解决现存的班级文化建设中存在的困惑和问题成了当务之急。

基于“温馨教室”的建设基础，结合已有的环境改善策略，学校以班级文化提升为目标，开始探索价值教育的融入实践。文化建设成为学校在班级管理中教会学生应知应会内容后，对班级提升的进一步的着眼点。

第一节　班级文化建设的实施背景

一、班级文化与价值观教育的内涵

（一）班级文化

班级文化是师生共同创造出来的一种生活方式，是班级成员在学校学习和生活过程中所形成的理想信念、价值取向、生活态度、思维以及行为方式。班级文化建设的质量，直接影响着师生校园生活的质量。基本价值和主流价值的践行和培育对促进学生的全面发展起着积极的作用。班级文化建设对于促进学生正确价值取向的形成，促进学生个性和社会性协调发展意义重大。我们立足班级育人平台，培育和践行社会主义核心价值观，完善班级文化建设的有效形式和长效机制，使社会主义核心价值观教育在班级文化建设中都有所体现和渗透。结合“温馨教室”建设的分类策略，我们把班级文化建设分为环境文化、人际文化、制度文化和行为文化。

（二）社会主义核心价值观教育

社会主义核心价值观教育，指的是对适龄儿童、少年、青年、社会大众进行社会主义核心价值观宣传教育所涉及的一系列模式、过程。社会主义核心价值观教育方法是人们为了实现教育目标、传递教育内容所采取的思想方法和工作方法。

社会主义核心价值观教育与班级文化建设相融合，就是结合班情、学情，适应青少年身心特点和成长规律，围绕立德树人的根本任务、社会主义核心价值观的基本内容，注重宣传教育、示范引领、实践养成相统一，推动社会主义核心价值观进教材、进课堂、进学生头脑。在这一过程中，努力形成课堂教学、主题教育、社会实践、班级文化多位一体的育人平台，改善师生的班级生活质量，促进学生的健康成长。

作为一所义务教育阶段公办初级中学，也是浦东新区首批素质教育实验学校，我们理应承担起培育和践行社会主义核心价值观的任务。坚持“以人为本，自主自理，多元发展”的办学理念，结合校情、学情，积极探索把社会主义核心价值观日常化、具体化、形象化、生活化，积极探索价值观教育的方法和途径，解决班级文化建设中的问题，促进学生全面发展，这是学校的义务，也是学校的责任。

二、班级文化的现状调查

班级文化建设的实施依据是对于学校现状的诊断。为了客观、准确地了解农村初中班级文化建设的现状，我们主要通过问卷和访谈两种方式开展调查。问卷涵盖四个模块：班级环境、人际关系、制度文化、行为表现，通过问卷——《农村初级中学学生诚信问卷调查》《农村初级中学班级文化建设现状问卷调查》及访谈——《社会主义核心价值观解读及表征问题》，了解学校学生对社会主义核心价值观的认知、情感和行为现状，把握顾路中学班级文化建设的动态。

问卷全部采用网上答题的方式，邀请学生集中在学校电脑房进行答题。调查数据由老师在各自的办公电脑上进行网上交卷，调查后数据由“问卷星”生成汇总，剔除无效问卷 24 份，有效问卷为 1 022 份，回收率 97.7%。通过调查，课题组初步了解学生对于班级文化建设中的环境文化、人际文化、制度文化和行为文化的认知和态度。

三、调查结果分析

（一）学校班级基本情况

在调查和访谈中，教师和学生反映最多的是班级学生变动太频繁。作为一所农村学校，学校生源结构中，进城务工人员随迁子女的比例逐年增大。进入中学阶段求学后，由于受到本市中考政策和学生本人家庭因素的影响，每学年都有相当一部分学生转回原籍求学。

以顾路中学为例。2010 学年度，学生总数 1 042 人，转出 124 人，占 11.9%；2011 学年度，学生总数 991 人，转出 91 人，占 9.18%；2012 学年度，学生总数 937 人，转出 136 人，占 14.5%；2013 学年度，学生总数 910 人，转出 169 人，占 18.57%；2014 学年度，学生总数 950 人，转出 218 人，占 22.95%。

再以顾路中学 2011 级（2015 届）学生为例：2011 年 9 月入学的预备年级随迁子女为 139 人。至 2012 年 9 月，转出 19 人，余 120 人；至 2013 年 9 月，又转出 40 人，余 80 人；至 2014 年 9 月，又转出 40 人，余 40 人；至 2015 年 6 月，又转出 14 人，余 26 人。

2015 级新生入学 478 人，随迁子女 348 人，占 72.8%。如此多的学生在顾路中学求学过程中转学，导致班级建制极不稳定，给班级文化建设带来诸如班级分拆合并、“学优生”流失、学生干部培养困难、学生社团活动无法正常开展、班主任调换频繁等许多负面的影响。

（二）环境文化

优秀的班级文化对学生良好习惯的形成有着不可替代的作用，关系到班级的稳定和谐。在之前的“温馨教室”建设过程中，学校的软硬件建设有了一定的提升，同时也有关于师生关系的提升措施。因此，本次调查问卷主要涉及的是信息环境和班级布置，同时，对已有的建设情况也做了回访式调查。57.34%的同学认为班级创建了班级网页、QQ 群等，40.7%的同学选择了班会常有网上的图片等资料。对于如何评价班级现有的信息化环境，有 70.74%的同学觉得很好，多数同学积极参与；有 31.9%的同学选择了“班级有 QQ 群等平台但很少发挥作用”；有 12.62%的同学选择了“设备都有，但很少用”；12.43%的同学选择了“老师不提倡在班级中使用网络资料及多媒体设备”；5.58%的同学选择了“不好，和没有网络是没差别”。

被调查的学生对班级网页等信息环境建设较为关注，积极参与班级事务，但班级网络交流中还存在用语不文明的情况。

在回答“如何评价现有的班级网页”时，70.74%的同学认为“很好并能积极参与”，12.62%的同学选择了“很少关心”，这说明学生对于班级网页的关注度在不断提升，大部分同学能时常关注班级事务。

针对“如何看待有同学在学校贴吧里使用不文明语言嘲

讽老师，辱骂同学的现象”的访谈，大多数同学认为，我校的贴吧近期使用不文明语言的现象有所改变，不文明用语正在减少。

“温馨教室”的评比已经成为顾路中学每年的传统项目，对于教室布置同学也表现出很高的热情，在问到“你是否想参加教室布置和班级活动组织策划”时，41.98%的同学选择了“我会认真做好分配的任务”；有30.72%的同学表示“非常想”；有10.47%的同学选择了“一般，分配的任务随便做”。在问到“教室布置对你的学习和生活有积极影响吗？”49.12%的同学认为“还可以”；32.88%的同学觉得“没有影响”；有13.21%的同学觉得“影响很大”；少部分同学觉得“说不清”。

看来，“温馨教室”的布置依然面临学生参与积极性不高、教室布置保持时间比较短、同学们缺乏维护教室布置的意识等问题。对于环境建设，学生的参与度并未达到“温馨教室”建设的初衷，这从另一个角度也反映出提升班级文化建设的紧迫性和必要性。

（三）人际文化

班级是一个小社会，同学们每天接触的对象是老师和同学，在问到“你喜欢班级的什么人”的时候，有42.7%的同学“喜欢班级的所有人”，37.08%的同学喜欢“关系好的同学”，11.15%的同学“喜欢班主任”，还有少部分同学选择了“喜欢任课老师”和“没有”。在问到“你认为班上同学之间关系怎样”

的时候，48.63％的人觉得“同学之间和融洽，即使个别不合群，不影响整体”；39.14％的同学认为“同学各有小团体，但是有事能齐心协力”；7.34％的同学认为“不太好，很多同学各顾自己，对其他人不关心”；少部分同学认为“各自形成小团体，很难团结合作”。

从这两个问题来看，对待学校的同学和老师，大部分同学都非常友善，喜欢班级的所有人，认为班级同学之间的关系很融洽，即使个别不合群，但有事的时候能齐心协力。有少部分同学不太合群，缺乏团结协作的精神。从中我们可以发现，要改变同学与人相处的方法，同学之间才能友好相处，班级氛围会更加和谐。

学习是学生们到学校最首要的任务。调查显示，33.17％的同学认为“同学们都喜欢学习，并且经常互相讨论”；33.17％的同学认为“每个人都怕落后，都暗自努力”；21.33％的同学认为“大部分都是害怕老师家长批评才努力学习”；8.9％的同学认为“大多数都不怎么学习”；3.42％的同学认为是“其他”。

调查发现，很多同学都能和自己的同学和老师友好相处，对于老师比较信任，同学之间也比较团结。导致生生、师生之间关系不融洽不友善的原因通常可以分为以下几类：同学之间观念不同，兴趣爱好不同，不愿与同学相处；同学之间相处的时候，往往有一些比较强势同学占上风，造成相处不愉快；有的同学对其他同学有看法，彼此不够信任，互不体谅，导致相处不好；有些同学不信任老师，认为老师会把事情弄得更加严重，比如告诉家长或者让政教处处理等。

（四）制度文化

同学们在对待班级制度文化这一块也表现出各自的态度。在问到“你是否参加过教室布置和班级活动组织策划”时，41.78%的同学的回答是“有时，都是相关的班干部做的”；有29.94%的同学表示“没机会，老师都安排好了”。从这两个数据我们可以看到，同学们对于教室布置的参与热情是很高的。这一点在紧接着的一个问题中也有体现，41.98%的同学表示“会认真做好分配的任务”；30.72%的同学表示“非常想”。这也是同学很爱自己的班集体并且希望为班集体出一份力的一个很重要的体现。

调查显示有47.72%的同学正在担任或者曾经担任过班干部，说明班干部的覆盖面还是比较广的。在问及班干部产生的方式方法上，45.5%的同学认为是“班主任指定”，40.12%的同学认为是“学生推荐”，值得注意的是有11.25%的同学是自荐的，虽然所占的比例不高，但是可以看出这一部分同学比较主动积极，有一颗为班级奉献的热忱之心，同时我们也可以看出这些同学所在班级的制度文化较为民主。

班级活动是班级文化中很重要的一块内容。在班级板报和班会主题谁来确定的问题上表现的是比较平均的，老师、班干部和同学集体商议出现的频率都差不多，说明班主任在班级活动的安排上是比较民主的，既有规定题目，有时又能让学生安排自己喜欢的内容。在谈到班级活动常做的内容是什么的时候，有87.38%的同学选择了“班会和班级晨会”；17.32％的同学和23.29％的同学分别选择了“表演节目和竞赛”。可以看出班级活动内容还是以班会和晨会为主，形式比较单一。在谈到有同学不愿意参加班级活动时，有53.03％的同学认为这是个人自由，可以理解；有24.17％的同学觉得这些同学不重视班级，欠缺责任心。在这个问题上有些同学比较宽容，认为是人家的自由；有些同学很热爱自己的班集体，认为这些同学不重视班级，潜意识里，他们是很希望全班同学都能积极参加。在现任班干部或者以前做过班干部的同学中选这个选项的同学比较多，因为他们往往是这些活动的策划者，他们希望自己策划的活动得到同学的认可，更希望所有的同学都能积极地参与进班集体活动中。

在班主任排座位的问题上，81.12％的同学认为老师是“按照身高、视力来排座位的”；45.21％的同学认为班主任是“按照男女搭配的方式排座位的”；29.55％和27.5％的同学认为班主任是“按照成绩好坏和动静搭配来排座位的”，有5.97％的同学认为班主任是“按照内心喜恶来排座位的”。

从问卷调查的内容来看，出现的问题主要有两个方面：一方面，学生参与度较为有限。主要表现在班级布置不能做到人人参与，大部分是班干部参加。这样同学们对于班级布置没有认同感，想破坏就破坏，难以长久保持。班干部的选择方式主要以班主任任命为主，主要集中在几个同学身上，其他同学除非是同学推荐或自荐，很难有锻炼的机会。班级活动的策划也主要集中在班干部身上，导致班干部事情太多，而其他同学就形成了“事不关己，高高挂起”的心态。另一方面，班集体的活动内容比较单一。活动内容主要是晨会和班会，形式比较单一，内容不丰富。长时间地搞晨会和班会，同学们对于这些活动也产生了倦怠。

(五) 行为文化

班级行为是班级文化的外显，涵盖班级矛盾解决、值日、交流方式等，通过这些外显的行为，可以对班级行为文化形成整体的判断。在学生的调查情况中可以看出，应对班级矛盾时主要是通过老师来解决，在对待值日的态度上较为积极，能主动承担。同学之间交流的话题主要以学习为主。

在回答“班级矛盾解决方式”的问题时，64.1%的同学认为由老师出面解决；21.2%的同学认为是由有话语权的学生出面解决；5.6%同学会闷在心里或是求助其他班级同学或校外人员解决；3.8%同学选择由父母出面解决。从这个选择来看，同学们对于矛盾的解决大多会求助老师，对老师是很信任的，但是还是有个别同学会选用不合适的方式解决。

在对待值日工作的态度上，82.1%的同学能认真对待，应付的同学占 13.89%，极个别同学选择逃避态度。这说明大多数同学对待班级的值日工作的态度是积极的，是热爱班集体的。

在回答“课间和同学们交流的话题”时，76.71%的同学选择了“学习和作业”；46.09%的同学选择“节目和音乐”；37.08%的同学选择“游戏”。这些数据显示，大部分同学谈论的内容都是积极健康向上的，包括学习和音乐等，当然选择游戏的同学也有一定比例，尤其是男生喜欢讨论游戏，这应该引起一定的重视，加以正确引导。

四、结论与对策

（一）开展价值观教育，确立积极健康、体现班级群体特征的班级文化理念

班级作为一个小社会，其核心的凝聚力在于班级的价值观，在班级文化建设中，要开展价值观教育，引导学生确立符合时代要求的价值理念。确立班级的价值和精神理念，要重点从三个方面展开：一要与当前我国社会发展的整体价值理念一致，引导学生通过班级价值观的内化，进而熟悉基本的社会道德观念和价值。二要从学生作为一个个体要具备的基本的道德素养出发，构建班级的精神特质，如真诚、尊重、责任、正直和公正等，这些基本的道德品质是一个社会良性运行的基石，强调个体在家庭和社会中应具备的基本的品质。在班级中这些品质最容易体现。三是要从班级人群的特征出发，形成班级的价值理念，班级内学生的群体特征和发展目标，通过充分的讨论后，可以作为班级的价值理念。通过这三个途径，可以形成班级文化的核心价值理念，作为对全班学生学习、生活的引领。班级价值理念是班级文化的最核心要素，对班级环境、班级制度、班级行为等起着统领作用。

（二）倡导“对话式教学”，形成“尊重、自主”的班级行为文化

在班级文化建设中，积极推进“对话式教学”方法。面对班级管理中的问题与困惑时，要与学生展开平等、真实、科学的对话，避免空洞的说教。要通过“摆事实、讲道理”，尊重学生的想法，通过对话、协商，达成一致意见，解决班级建设中的问题。

要让学生真正理解规则的内涵和价值，在班级规则制定过程中，教师要与学生进行平等的价值讨论和对话，听取学生的意见，鼓励学生表达自己的看法，甚至可以围绕相关问题，进行深度讨论，让学生在辨析、推理中，理解规则的含义，最终形成符合班级中大多数学生要求的班级规则，这样的班级规则一旦形成，班内学生就会有很高的认同度，学生通过制定班级规则的过程，也学会了对话、讨论、倾听，这对他们的综合素养的培养有一定的促进作用。

（三）开展多层次活动，形成“平等、关怀”的班级制度文化和行为文化

班级良好氛围的形成，最终需要有班级制度作为支撑，教师在班级制度建设中，要通过系列的活动，让学生体会到班级制度的重要性，班级制度对每个学生的影响，教师需要正确的价值理念的指导，更重要的是在日常的班级管理和教学工作中，用发展的眼光、关怀的心态、合作的策略来处理师生关系。

倡导一种勇于直面问题、积极思考、寻求对策、有效解决问题的态度。通过教师、学生、家长的共同努力，创建“平等、关怀”的班级制度和行为文化，促进学生的全面发展，健康成长。

第二节　价值观教育融入班级文化建设的实践探索

针对这种状况，学校在教育过程中，坚持“以人为本，自主自理，多元发展”的办学理念，为了每个孩子的健康成长，以研究的心态面对班级的变化和学生的成长，克服了一定的困难，努力营造“安全、有序、温馨、和谐、有效”的育人环境。希望通过社会主义价值观教育的融入，面向每一个学生的发展，最终明确形成了“融·化”教育的理念。在班级文化建设的实践中，“融·化”教育的实施策略不断推进和丰富。

一、制定行动方案

学校制定了点、线、面相结合的行动方案。

点，聚焦“对话式价值教学”，尝试“融·化”教育的方法。倡导教师、学生、家长共同学习，尊重理解，平等合作。教师尽力服务于学生，与学生一起活动，确保真实的对话。

线，针对不同年龄学生的身心特点，以年级组为条线，分层分年级设定“融·化”教育主题，有针对性地开展活动。

面，学校层面，拟定并实施“融·化”教育的《学校行动方案》《学生行动方案》《家长行动方案》，形成合力，力求实效。

依据“融·化”教育“分年级、分模块、一体化实施”的方案开展行动研究。

在学校层面的研究活动中，我们的学校行动实施方案主要围绕“榜样教育”“礼仪教育”和“心理健康教育”三个角度展开；学生行动实施方案主要围绕“红领巾论坛”“故事会”“志愿者小队”三个角度展开；家长行动实施方案主要围绕“好家风、好家训”主题活动展开。

在年级组层面研究活动中，我们结合年级组学生的身心发展特点，结合学情、班情，各年级自定教育主题，开展融合教育。六年级以“诚信”为主题，开展“我的班规我做主——教室行为准则研讨活动”；七年级、八年级主要以“爱岗·友善”为主题，开展“和谐师生关系”主题教育；九年级以“敬业”为主题，开展“爱国成才”教育。

（一）实施学校行动方案，搭建“融·化”教育平台

2015 年 1 月 28 日，顾路中学召开了“2014 学年度德育工作研讨会”。学习了习近平总书记对少年儿童如何培育和践行社会主义核心价值观提出的 16 个字的要求：“记住要求，心有榜样，从小做起，接受帮助。”对这个总要求进行了学习理解。第一，记住要求，要把社会主义核心价值观的基本内容熟记熟背，让它们融化在心灵里、铭刻在脑子中。第二，心有榜样，要学习英雄人物、先进人物、美好事物，在学习中养成好的

思想品德。第三，从“小”做起，要从自己做起、从身边做起、从小事做起，一点一滴积累，养成好的思想和习惯。第四，接受帮助，要听得进意见，受得了批评，在知错就改、越改越好的氛围中健康成长。

2015 年 4 月，学校在学习了《关于培育和践行社会主义核心价值观的意见》的基础上，结合诚信问卷的现状分析，梳理提炼了《初中学生社会主义核心价值观教育 12 个方面的表征问题》。商议确定了顾路中学《学校行动方案》的三条途径，即榜样教育、礼仪教育和心理健康教育。

1. 开展榜样教育活动，培养积极的思想品德追求

榜样的力量是无穷的。青少年学习榜样的先进思想、先进事迹，把榜样列为心中标杆，向榜样看齐。在日常的学习生活中，时时处处以榜样为镜子，对照自己，辨别是非，检点自己的言行，提升自己的思想品德修养水平。

做好班级常规考核和评优工作。做好“三好学生”“优秀学生干部”“示范班集体”“常规工作优胜班”“最佳志愿者”等评选工作。发动师生举荐好人好事，评议凡人善举，并利用多种形式进行宣传，引导人们从身边做起、从小事做起，常为义善之举、常做有益之事。褒扬凡人善举，传扬美德善行。2015 年 6 月 1 日举行“我与学校共建美好校园”为主题的“六一”表彰大会。

2. 开展礼仪教育活动，培育良好的教师、学生形象

教代会修订了《学校教师一日常规》及考核制度，开展教师文明礼仪教育系列活动。如：教师服装要整洁、大方、庄重，态度要和蔼可亲，精力充沛，举止适度；当学生向教师行礼问

好时，教师要微笑致意，并同时说“你好”。

依据《学生一日常规》规范学生的各种行为，开展文明礼仪教育系列活动。学校将学礼仪、知礼仪、行礼仪融入教育活动全过程。2015 年 6 月 12 日，第十五届少代会全体代表发出了《上海市顾路中学学生践行社会主义核心价值观倡议书》。政教处利用午会课开展“讲文明礼仪，创优美校园”系列讲座。开展“践行雷锋精神，争当文明顾中人”“文明在我心，礼仪伴我行”“文明交通伴我行”等文明礼仪教育主题活动。开展“我们的节日”传统文化活动，清明节，组织学生登录中国文明网参与“网上祭英烈”活动，表达对先烈的感恩和敬仰；国庆节，登录中国文明网、央视网，开展“向国旗敬礼、做一个有道德的人”网上签名寄语活动。2015 年 9 月 3 日，学校举行隆重纪念中国人民抗日战争暨世界反法西斯战争胜利 70 周年“铭记历史，缅怀先烈，珍爱和平，开创未来”倡议签名爱国主题活动。学校组织学生发放宣传倡议书，倡导勤俭节约。开展“文明用餐・节俭惜福”等活动。

学校认真开展仪式教育。安排好升旗仪式、开学典礼、入学仪式、离队仪式、入团仪式、毕业典礼、结业仪式等，凸显人文性、校本性，使抽象类、模式化、口号式的德育语言变得具体、生动、形象而充溢活力，使学生道德规范、文明礼仪的培养入脑入心、卓有成效。

3. 开展心理健康教育活动，将“融・化”教育内化为精神诉求

2015 年 5 月，学校开展了以“关爱心灵，核心价值观引领

成长”为主题的心理健康教育活动月活动。本次心理健康教育活动以发展性心理健康教育和积极心理学理念为主导，通过主题广泛、内容丰富、形式多样、针对性强、参与面广的心理健康教育活动，宣传普及心理健康知识，营造良好的心理健康氛围，提升学生对自身、对他人心理健康的关注，加强学生心理成长的社会支持系统建设，提升全体学生的心理健康水平。结合区级德育课题“社会主义核心价值观与班级文化建设相融合的实践研究”，通过开展学校心理健康教育主题活动与社会主义核心价值观班级主题教育活动的整合，来促进德育课题的行动研究。

活动月的内容丰富多彩，与班级文化建设相关联的主要是开展了心理健康主题班会征集与评选活动和班级心理健康教育专刊黑板报评比活动，挑选两个班级参加了“浦东新区中小学心理主题班会征集与评选活动”。

心理老师结合核心价值观内容设计了“关爱心灵，核心价值观引领成长”心理健康月主题班会选题范围共27个主题提供各班主任参考选择。全校各个班级围绕核心价值观主题设计活动方案组织开展活动，作为社会主义核心价值观班级主题教育活动的一项重要内容。班会课渗透心理学原理，运用团体辅导、心理剧、角色扮演、心理故事分享、心理活动游戏体验等方法，倾听学生心声，普及心理健康知识。通过主题教育活动，营造有利于学生身心健康、和谐发展的班级文化氛围。

如：“运动会风波”心理教育案例，心理辅导老师主要从满足学生的合理需求、提供正确的指导、及时发现问题及时调治三方面着手去开展工作。采取四种心理干预策略:(1) 情绪疏导与宣泄,缓解不良情绪;(2) 采用理性情绪疗法,调整不合理认知;(3) 利用心理辅导活动课,设计《友情魔方》和《言语的温度》主题方案,开展人际交往辅导;(4) 通过同伴互助,寻求心理支撑。在此案例中,心理辅导从了解不同学生的心理需求出发,帮助学生解决需要和发展问题,从而缓解同学间的矛盾与冲突,增强同学们对友善核心价值观的认同,进而促进德育内化,有利于形成"平等、公正、自由、民主"的班级人际文化。

面对 29 位随班就读学生(含智障和听障学生),学校一直在探索普教与特教相融合的教育模式,倡导建立平等、关爱、友善的师生关系,多方关爱,将特殊教育融入学校班级文化建设,把特殊学生看作一种资源,培养普通孩子对特殊学生的关爱,实践"特教与普教"的融合。

(二) 实施学生行动方案,将"融 · 化"教育外化为实际行动

为了更好地将社会主义核心价值观教育落实到位,真正走近学生心灵,我们通过开展"红领巾讲坛""故事会""志愿者小队"等系列活动,从认知到实践,影响学生价值观,为每个学生创设践行核心价值观的阶梯式平台,做到知情意行的统一,以实际行动为班级文化建设增光添彩。

在学生行动方案中,我校结合道德讲堂建设,创设了"红领巾讲坛"。通过"红领巾"讲坛活动,凝魂聚气,强基固本。

学校充分利用学校网站、广播站、宣传栏、电子显示屏、国旗下讲话、班会、黑板报、温馨教室等形式在校园营造弘扬社会主义核心价值观立体网络和浓厚氛围。少先队大队部向学校老师发出邀请，请学校学有专长的老师来给学生开讲座。每一位接受邀请的老师都欣然答应并提前两周做精心准备，包括道具、PPT（演示文稿）、互动环节甚至小奖品。

（三）实施家庭行动方案，家校合力开发教育资源

组织实施家庭行动方案，开展“好家风、好家训”系列教育活动。家风就是一个家庭的风气、风格与风尚。开展优良家风家训践行活动，是促进学生优良品德形成的重要渠道。通过发挥学校在学生家庭家风家训提炼过程中的指导和协助作用，达到帮助学生正确认识家风家训，教育学生主动践行家风家训的目标。通过开展优良家风家训践行活动，培养学生形成正确的规则和规范意识，培养学生具备良好的行为准则意识和优良的道德品质。

（四）实施年级分类教育，提高“融·化”教育的针对性

在年级组层面的教育实践中，我们结合年级组学生的身心发展特点，结合学情、班情，各年级自定教育主题，开展“融·化”教育。六年级以“诚信”为主题，开展“我的班规我做主——教室行为准则研讨活动”；七年级、八年级主要以“爱岗·友善”为主题，开展“和谐师生关系”主题教育；九年级以

“敬业”为主题，开展“爱国成才”教育。

二、改善学校文化

（一）提升环境文化，培养爱岗敬业精神

在调查中，我们看到了学生对于班级环境文化的期望是比较高的，而且很乐意参与班级环境的建设。环境是一位无声的老师，一个班级的文化环境对于学生的熏陶是潜移默化的，对培养学生的思想品德、道德情操起着至关重要的作用。班级文化是一门潜在的课程，它具有无形的教育力量，往往会起到“随风潜入夜，润物细无声”的作用。带给学生的是清新愉悦、自由、和谐，它不仅使学生在更为广泛的时间、空间上了解社会、理解人生，还为学生提供情感上的寄托，又无时无刻不在净化着学生的心灵。环境文化的提升，需要各方面的努力。

1. 创设多媒体培训平台，提升教师多媒体操作水平

对教师进行多媒体培训，提升课件制作水平，让更多的老师愿意使用多媒体，使课堂内容更加丰富，让使用多媒体上课成为一种常态，学生们听课的积极性也更高。当然一些技术性的问题学校也应该配备相应的老师，对多媒体设备的修理和维护进行管理，解决教师的后顾之忧。

2. 让更多的同学参与班级环境的布置，提高长久维护班级环境的意识

班主任可以让所有同学都参与到“温馨教室”布置的活动

中，哪怕是贴张照片，剪个图案，让同学们明确自己的任务，具体可以根据学生各自的性格特点进行分工，每个学生充分发挥自己的长处。这样做能使学生们更加热爱自己的教室，珍惜自己的劳动成果，使教室布置维护的时间更加长久，培养学生爱岗敬业的可贵品质。

(二) 关注人际文化，制造自由民主和谐氛围

从调查中我们可以看出，在同学和同学的相处过程中，大部分同学能和同学和谐相处，小部分同学因“观念不同，性格内向、彼此缺乏信任感”而造成融合上的失败，我们需要采取一些促进融合的措施，推动和谐班级的形成。

1. 理解尊重

每个人都有自己的气质和性格特点，有不同的成长背景和生活习惯，所以在与同学交往的过程中，如果能互相理解尊重，大家的关系就容易融洽，也会减少不必要的摩擦。

2. 以诚相待

要以诚相待。人与人的交往，最重要的就是真诚和善意，这也是做人的根本原则。口是心非、虚伪傲慢的人是难以有朋友的。

3. 宽容谅解

俗话说：“金无足赤，人无完人。”我们周围的同学(包括自己)都还处于成长的阶段，处理问题常会有很多不妥之处，在许多问题上同学间也会有不同的见解，这就要求学会从对方的角度考虑问题，相互谅解，就不会导致敌意。即使有些小矛

盾,有些不愉快,也可以寻找一些比较好的办法解决。

4. 信任平等

"亲其师,信其道。"教师应该尽量融入班集体中,关注随班就读学生的成长,善待班级后进生,让学生真切感受到教师的爱护和关心,让班级氛围更加自由平等,这样才能让学生更好地信任你,有助于班级的管理。

(三) 完善制度文化,体现民主管理

班级是一个大家庭,只有在所有同学都认可班级制度的情况下,班级才有凝聚力。根据调查问卷,学校对制度文化提出了以下倡议:

1. 人人参与班级的管理

班级的事,事事有人做;班级的人,人人有事做。调动学生自主管理的积极性,给每个学生提供做事的机会和施展才能的机会。比如班级布置人人参与,班级活动人人参与,班级管理采取轮岗制,让班级制度更加公平公正,使学生们更加爱班级、爱集体。

2. 丰富班级活动

调查中我们看到班级活动主要以晨会主题班会为主,久而久之学生会对这类活动产生审美疲劳。教师可以开展文体竞赛活动,促进同学间的和谐竞争,比如进行一些体育运动、文化艺术展示,组织一些小型竞赛等;可以根据班级实际情况开展一些自主创新活动,比如科技活动、文化活动等;也可以开展一些社会实践活动,组织学生进行调查研究、角色体验、

志愿服务等。

3. 完善行为文化

劳动教育是全面发展教育的重要组成部分;热爱劳动,善于劳动,是未来公民的重要素质之一。然而,由于应试教育的贻误,导致部分中小学生劳动观念淡薄,劳动习惯较差,甚至不具备最起码的劳动技能。学校必须采取相应对策,扭转这种状况,以期全面贯彻党的教育方针,实现培养目标。树立全新的观念,21 世纪的竞争是人才的竞争,养尊处优的小公主小皇帝是无法适应的,所以,要鼓励学生多参加劳动:

一方面要激发劳动兴趣。把劳动和学习科学知识结合起来,激发学生的劳动兴趣。当代中小学生爱动脑筋,精神生活比较丰富,在劳动中引导他们研究有趣的科学现象,把书本知识用于劳动实践,提高劳动的吸引力,激发学生学科学,用科学的积极性。

另一方面要培养劳动习惯。通过丰富多彩的劳动实践,使学生树立正确的劳动观念,养成良好的劳动习惯,掌握一定的劳动技能。

现代社会生活和网络息息相关,中学生每天和网络接触的时间也比较长,这样势必对中学生上网有一定的要求:中学生自己要加强自控能力,上网避免浏览不良信息,并要少玩游戏,安排好上网的时间,不要太长;老师和家长应该引导学生上网,不能盲目地“堵网”,而应该通过各种培训教育,积极引导学生主动接触、了解并使用网络,通过教育,提高学生的素质,重点培养他们判别是非的能力,增强道德判断能力,使中学生能自动远离网上的不良信息,并能熟练地使用网络来为自己服务。

三、倡导“对话式价值教学”

面对班级管理中的问题与困惑,我们侧重于学习和实践“对话式价值教学”的方法,展开平等的、真实的、科学的对话,避免空洞的说教。摆事实,讲道理,想办法,求实效。

例如,我们尝试与学生一起制定一套“教室行为准则”,这是增强学生对集体的参与意识、培育学生对集体的责任感的好方法。同时,对教室行为准则的认同和遵守,有助于培育学生的诚信意识和契约精神,做到言而有信,言必行,行必果。

通过访谈我们发现,当我们依靠规则来约束和控制学生的行为举止时,就会出现问题。“规则”一词本身就会带来问题,中学生往往将“规则”理解为“教师用来控制学生的东西”。一方面,我们不可能用一条规则来涵盖教室里出现的所有情况。另一方面,就算我们用各种规则涵盖了各种情况,但是规则太多只能形成一种很消极的教室氛围,会让学生把注意力放在“服从”而不是“责任”上。如果我们用“教室行为准则”来替代大多数规则,就可以避免这些问题。

教室行为准则规定了教室中每个人都应该遵从的行为原则,为包括教师在内的每个人的互动设立了预期标准。一套行为准则能让所有的学生时时刻刻为自己的一切行为负责。

制定一套行为准则不仅能够营造一个安全向上的教室环

境，还能为我们将价值理念付诸实践提供一个媒介。在制定行为准则的过程中，老师让学生积极地参与到为自己的行为设定期望和限制中来，而这正好体现了民主型的班级管理方式。在制定和教授行为准则的过程中还可以寻求学生家长的反馈，这样会进一步促进学校和学生家庭之间的关系。

在制定和遵守行为准则的过程中，老师与学生进行平等的价值讨论和对话，老师允许学生发表意见并进行选择，从而给了学生合理的权力。对我们这些忙碌的老师而言，行为准则的最大好处也许在于这一点：督查学生行为举止的责任不再单独落在我们的肩膀上，因为学生与我们共同承担了这一责任。学生开始学着随时随地拿准则来衡量自己的行为决定。

第三节 “融·化”教育的开展成效与反思

一、开展成效

（一）加强校园环境文化建设，完善硬件设施，创建绿色校园

2015 年 3 月，我们得知顾路中学民冬校区暑期要进行大修，同时，另由我校开办一个新校区。恰逢我校德育实践课题立项实施，为了加强两个校区的建设，创建文明和谐的校园文

化，促进我校“融·化”教育的开展，2015 年 5—6 月，我们开展了“我心目中的理想校园”和“我心目中的理想课堂”大讨论暨金点子征集活动，并评选了“金点子奖”。我们征集梳理了有关环境文化建设的合理化建议十条。如，有的班主任提出：“‘温馨教室’评比年年搞，教室的墙面贴成了大花脸，能否由学校统一定制版面，统一教室布置的硬件设施?”也有学生提出：“学生的课桌能否一人一桌，承包到人，有利于培养自主自理的能力?”学校采纳了这些合理化建议。暑期，我校民冬校区完成了校园大修工程，校园面貌焕然一新。新开设的金钻校区，是一所新建的公建配套学校。新校区的硬件设施与老校区不可同日而语，也为我校进一步的发展提供了机遇和保障。我们花大力气进行校园文化设施的布置，让每一面墙充满文化气息，体现教育功能。对教室环境也进行了美化和升级。教室布置既有统一安排，又有班级个性创造。设置了“教室行为准则”“德育天地”“我的风采”“名人名言”等统一的版块，特别是从预备年级开始，每个学生安排一个置物柜，每人一套单人桌椅。这样的安排，有利于培养学生爱护公物、自主自理习惯。各班的图书角、卫生角、绿化角布置也各有特色。

(二) 形成了“平等、公正、自由、民主”的班级制度文化和行为文化

面对成长中的学生，教师要完成教书育人的任务，需要正确的价值理念的指导，更重要的是要在日复一日，年复一年的工作中，用发展的眼光、经营的心态、合作的策略来处理家校

关系、同事关系、师生关系。努力学会学习，学会沟通，学会合作，只有这样，才能增进理解，消除误解，融洽关系，教学相长。

一个课题研究，不能解决教师、学生、家长遇到的所有班级问题，但我们倡导一种勇于直面问题、积极思考、寻求对策，有效解决问题的态度。通过教师、学生、家长的共同努力，创建一个安全、文明、健康、和谐的班级共同体，促进学生的全面发展，健康成长。

（三）促进了学校的内涵发展，提升了学校的社区认可度

建立起较完整的相关研究文献资料库。在课题研究过程中，总共编辑了四个专辑的文献资料，合计有 42 篇相关文献，含各级文件、期刊文章、硕、博士论文等，在我校主题学习网站上供课题组成员和全体师生学习。课题参与人数众多，积极性高。我校管理人员、年级组长、班主任、全体学生都能积极参加《诚信现状调查》《班级文化现状调查》两次问卷调查和访谈活动。2015 年 6 月的心理健康教育月主题班会活动和 2015 年 11 月的“融·化”教育主题班会展示活动，全体班主任都能积极参与。一班一主题，一班一案例。撰写了《上海市顾路中学班级文化建设现状分析与对策》和《社会主义核心价值观教育与班级文化建设相融合的实践研究》课题研究报告。整理收集了 29 份心理健康教育主题班会的案例。

学校开展“融·化”教育以来，最明显的是师生行为的变化。校园里自信的笑脸多了，追逐打闹现象少了；礼貌的问候

声多了，埋怨指责的声音少了；赏心悦目的教室多了，脏乱差的教室少了；认真听课的学生多了，不在状态的学生少了……师生班级生活的质量改善了，家长的好评多了，社区的满意度提升了。

二、思考与展望

针对农村初级中学学生对于社会主义核心价值观内容的认知、情感和行为表现，问卷调查较多集中在诚信调查和班级文化建设，社会主义核心价值观的多项内容尚待完成。经过宣传发动、学习实践、总结提炼，全校师生和家长对“融·化”教育有了一定程度的理解和认同。但如何寻求合力，把握学生的思想动态，将“融·化”教育真正落细、落小、落实，还需要持之以恒的探索和不懈的努力。

在后续的推进中，“融·化”教育将不断在顾路中学实施推进，教师和管理者基于教育理念的认同、通过加强理论学习和实践研究，持续关注每一个学生，联系实际，区分层次和对象，找准与师生思想的共鸣点，运用师生喜闻乐见的方式，增加“融·化”教育的吸引力感染力，努力让社会主义核心价值观的种子在学生们心中生根发芽。

第四章

探索“三自”教育　推动学生发展

经历过顾路中学11年的办学生涯，笔者从以合作管理为主的班级管理试验转向以温馨教室和融化教育为主的空间环境文化管理建设，并逐步拓展，生成对学校整体性的管理思路，学校管理的能力逐步成熟。在这一系列的教育管理过程中，与学生发展相关联的教育经验不断积累。2018年8月，我调任浦东新区凌桥中学任校长。当走进凌桥中学，面对这样一所六十年历史积淀的乡村学校，在一个新的起点上，我不断思考，我将为这样一所学校带来什么，与此同时，我已有的经历对个人的教育历程来说意味着什么？转换来说，我能够为这样一所学校做出什么？最重要的是，我能为此时、此地的学生发展带来什么？在学期伊始，我没有明确的答案，但锚定学校发展状况，因时因地为学生成长探索实践将是我深耕农村教育的又一场磨砺。

凌桥中学,是一个陌生的场域,但办学环境、生源构成、社区形态又让我感到似曾相识。这一切都让我重新审视关于学生发展的关键因素,为学生提供合宜的教育。结合自己以往在农村学校的办学经历,为了更好地认识学情、分析学情,我组织了对学校的整体摸底诊断,以此作为学校发展改进的依据,边试边行,努力为学生带来更加美丽的校园和更加美好的校园生活。

第一节 “三自”教育的实施背景

一、研究背景

推进学校发展,从起底认识学校的历史发展开始。2018年,凌桥中学外来务工随迁子女占900多名学生的近70%,伴随城市化进程的持续推进,本地生源部分流失,生源中的外来务工随迁子女的流动性很大,办学特色不明显,以至学校的教育质量在同类学校中处于中等偏下水平,社会声誉也一般。在积极向上的学风与班风的形成、行为规范的养成等方面,学生的自律意识不强,学生对学习的自信心不足,对自身的学习能力也普遍看低。相应地教师职业倦怠也比较明显,师资队伍中,青年教师占比56.06%,中高级教师占比40.91%,远低于全区的平均水平,区级骨干教师仅6人,占比9.09%。这些,都成为学校发展的瓶颈问题。

此前，学校在过去的三年时间里，基于现实发展情况，完成了“偏远农村初中学生“自信、自律、自强”教育实践研究”相关课题研究，围绕学生的“自信、自律、自强”探索出一系列学习实践方法，学生的自我约束能力有所提升，学习积极性有所提高，学生的素养得到了一定的发展。

2018 年 11 月 15 日，凌桥中学经过申请被列入浦东新区“强校工程”实验校名单，这为凌桥中学带来了新的发展机遇。在深入总结老“三自”教育、广泛听取师生需求的基础上，学校积极准备，力求主动，希望经过 3—5 年努力，在原有基础上，改善教育教学状态，增强学校办学特色，提高整体办学质量，提升家长对学校的满意度，建成凌桥社区“家门口的好初中”。

因此，如何更好地激发学校的内生动力，营造更加健康的义务教育生态，切实推进强校工程建设，提高办学质量，促进学校内涵发展是研究的关键问题。

通过全面的调研分析，面对现有的生源状况和学校办学条件，学校充分意识到学生家庭教育的基础较为薄弱，在自信、自律等方面仍存在一定的偏差。结合以往的办学经验，我意识到面对这所薄弱中学，需要继承学校的优良传统，进一步明晰学校的办学目标，同时结合教育学、心理学的相关研究，探索适合学校发展的强校之路。在初步的调研之后，结合学校办学目标，逐步明确推进以积极心理学为理论支撑，基于对原有“三自”内容的继承和发展，结合现实的学生情况，开展以自律、自学、自信素养培育为核心的“三自”教育。

为了更加科学、详尽地了解基于积极心理学原理的学生

“三自”素养的现状，为学校的发展研究提供切实的教育依据，学校组织了针对在家、在校、在社会实践中学生的意识、能力、行为习惯等三大方面的相关调查。调查面向全校的学生，力图反映学生在各项素养的真实情况。其中，自律意识、能力、行为习惯包括在家、在校、在社会实践中的自律意识、能力和行为习惯调查。自学意识、能力、行为习惯包括课前、课中、课后的自学意识、能力和行为习惯。自信意识、能力、行为习惯包括生活、学习、交往的自信意识、能力和行为习惯。

二、调查结果与分析

(一) 学生自律意识、能力、行为习惯现状分析

学生自律意识、能力、行为习惯调查。包括在家、在校、在社会实践中的自律意识、能力和行为习惯。

1. 自律意识

学生在家的自律意识存在一定程度的差异。学生在家的起居、用餐自律意识较强，学习自律意识较起居、用餐比例有所降低。大多数的预备年级学生认为自己在家的起居、用餐自律意识“强或较强”，其中，认为自己在家的起居自律意识“强或较强”的为78.24％，用餐自律意识“强或较强”的为76.93％。自认为自己起居自律意识较差的学生仅占0.93％，没有学生认为自己用餐自律意识较差的。分析其中缘由，学生的起居、用餐自律意识较强，是因为预备年级学生已经在小学五年间形成了较好的起居和就餐习惯。

学生认为自己的在家学习自律意识“较强或一般”。认为自己在家自学的自律意识“强”的学生仅占 24.54%，认为自己在家自学自律意识“一般”的占 30.56%。主要原因在于凌桥中学学生大多数为外来务工随迁子女，本市户籍学生约占 20%，他们毕业于不同的小学，70%左右毕业于公办小学，还有一些毕业于随迁子女子弟小学，他们在小学阶段的在家自律意识养成环境各不相同，各小学阶段的学校对于学生行为习惯培养的要求和标准各不相同，造成学生对自身学习行为习惯的评价差异。通过后期的家访调查，受访家长中有许多家长对孩子的学习不够重视，对孩子的学习缺乏陪伴和监督，且初中以下学历的家长占比较高，对自己孩子的培养目标不明确，对良好学习行为习惯的要求也较低。那些认为自己在家自律习惯较好的学生大都是公办小学中学习自觉性较强的学生。

根据学生在家自学自律意识的调查数据，可以知道，学生的自律意识良莠不齐，学生和家长普遍没有培养学生良好自律的意识。教师应加强对学生自律意识的培养，学校则应注意相关自律意识的培养，并落实到日常学习中去。

学生在校的各种自律意识普遍较强，但在校学习自律意识较其他意识低。学生自我评价在校的自律意识普遍“强或较强”，认为自己的日常行为、同学交往、校内集体活动自律意识“强或较强”的同学占比分别为 79.17%、81.48%、73.15%，均超过 70%，尤其是同学交往的自律意识最强，占比 81.48%，说明同学们能充分认识到学校是大家来学习的场合，在校内绝大多数同学能够按照教师的要求自律地参加校园活动和学习生活。学生对自己在校的学习意识评价相较其他指标较低，认为自己在校学习自律意识“较强”或“一般”的占70.37%，说明学生对自己在校的学习自律意识不满意，希望能够提高自己的在校学习自律意识，教师应加强对学生相关自律意识的培养和教育，并注意加强落实。

学生在社会实践中的自律意识普遍较强，其中安全自律意识最强，时间自律意识有待提高。数据表明，同学们对于在社会实践中完成任务、安全及交往的自律意识评价较高，认为自己的这三方面意识“强”或“较强”的占比分别为 80.1%、93.52%、78.7%，能够在社会实践中自律完成任务并注重团队合作。认为自己的安全自律意识“强”或“较强”占比 93.52%，说明在老师平时的教育下，绝大部分同学已经形成了“安全第一”的意识。学生对自己的守时习惯自律意识不够满意，时间观念有待进一步培养。

2. 自律能力

学生在家的自律能力普遍较强。学生普遍认为自己在家的自律能力“强”或“较强”，认为自己起居、用餐、沟通能力“强”或“较强”的比率分别为 83.33%、82.87%、81.02%，认为自己能力“较弱”均低于 3%，说明预备年级学生已经形成了在家照顾自己的能力。

学生在校的自律能力有差异。学生自认在校的日常行为习惯、同学交往、校内集体活动自律能力“强”或“较强”，分别占 83.79%、81.48%、76.39%。学生在校学习自律能力较其他能力弱，占比68.06%，认为自己在校学习自律能力“一般”的占27.31%，说明学生对自己在校的自学能力不满意，普遍有依赖心理，除非是老师布置的预习或复习作业，细化到要读几遍或者默写固定的内容，其他时候较多学生会把布置的口头作业忽略，自学能力需要细化到日常的规范中培养。

学生参加社会实践时的自律能力均较强。学生参加社会实践时的日常行为习惯，同学交往及校内集体活动中自律能力均较强，“强”与“较强”的比例相加，均超过或接近80%，分别为81.95%、79.17%、88.43%、82.87%，学生在社会实践中已经具有较好的自律能力，通过教育让学生继续保持。

学生在家、在校、在社会实践中的自律能力均较强，已经具有良好的自律能力。在校的学习自律能力相较其他指标低，需要通过日常规范化教育培养。

3. 自律行为

学生在家的自律行为习惯普遍较好。学生在家起居、用餐、学习行为习惯培养得较好，三者“好”与“较好”的比例分别为85.19%、84.72%、68.06%，相对而言，学生认为在家学习自律行为习惯“强”或“较强”的较前两者低，要培养学生较好的学习自律行为习惯，需要家长和学校配合，从日常学习习惯逐步培养并巩固。

学生在校的自律行为习惯较好。学生在校的自律行为习惯普遍较好，在校日常行为、学习、与同学交往、参加集体活动的自律行为习惯“好”与“较好”的比例均高于70%，预备年级的学生基本已经能够自律地参加学生生活、学习，在同学交往和参加集体活动时也养成了较好的行为习惯，继续保持即可。

学生参加社会实践时的自律行为习惯。在社会实践中的完成任务，守时，安全，同伴交往方面，学生认为自己的自律行为习惯较好，“好”和“较好”的比例之和分别为82.41％、78.70％、88.89％、83.33％，均高于70％，学生应形成了良好的社会实践行为习惯，继续保持即可。其中安全自律行为习惯“好”与“较好”的比例最高，这与学生自我评价参加社会实践时的安全自律意识、自律能力最强一致，学生在参加社会实践时，能意识到“安全第一”，有能力做到安全，并且也养成了好的安全自律习惯。

学生在家、在校、在社会实践中的大部分自律行为习惯较好，可以继续保持，在家学习自律行为习惯“好”或“较好”比例较低，为68.06％，比起在校的同等指标低4％，这和我校随迁子女比例占70％的现状相符，家长忙于工作，普遍很少有时间关心孩子的学习。说明学生在家仍需要家长的督促，学校也可通过教育，逐步培养学生的学习自律行为习惯。

（二）学生自学意识、能力、行为习惯现状分析

1. 学生课前自学

学生课前自学的预习意识均需要提高，但有一定的准备意识。学生课前自学意识中的预习意识各项指标中，动机和任务意识稍高，认为自己的意识“强”或“较强”的学生比例之和为64.81％和63.43％，认为自己质疑和解疑意识“强”与“较强”的比例均不到60％，有待提高。学生在预习过程中，依赖

老师布置的预习要求，“教参”（教学参考书的简称）和课后练习及答案，自己主动提出问题的比例较低，老师在布置预习作业时，可以进行针对性地指导，并着重检查。学生课前的准备意识中价值意识较强，常规和特殊准备意识“强”与“较强”约为67%，说明学生认识到课前自学准备的重要性，但对自学什么，如何自学需要指导。学生的课前自学意识总体较强，学生大部分愿意进行课前预习，且对课前预习的重要性有充分的认知，但课前预习的质疑意识不够强，如果老师布置了预习任务，他们中大部分能够利用工具书、网络等手段解决问题，学生仍需要在如何自学及自学什么方面，得到科学的指导。

学生课前自学时，阅读能力、检索与查询能力普遍较强，批注能力有较大差异，总体仍需培养。学生课前自学阅读能力均“强”或“较强”，其中指标最高的是认读文本的能力，“强”或“较强”的比例为73.15%。认识阅读价值、筛选文本、理解文本及记、思相关信息的能力总体较强。学生课前自学阅读时，质疑文本的能力“强”与“较强”的比例高于62%，较之前的意识要高，说明学生如果有质疑意识，是有能力去质疑的，因此在之后指导预习的过程中，建议教师及家长从培养质疑意识入手，让学生逐步提高能力，进一步养成习惯。学生中大部分人有利用工具书、图书馆和网络资源检索和查询的能力。超过60%的学生能够在课前自学时，就学习内容与同伴交流并咨询，超过半数的学生对检索和查询的内容具有一定的评鉴对错能力，但还需要指导。学生的批注能力最强是运用文字、图片、符号、色彩等批注方法的能力，达到66.67%，超过

62%的学生会进行个性化批注，超过一半学生课前自学时具有批注重点、难点、关键点、关注点（简称“四点”）的能力，还有许多学生需要就如何区分“四点”以及如何进行批注进行指导。

学生自学的预习行为习惯有较大差异，学生自学过程中，坚持进行自学的行为习惯仍需加强。近 70%的学生有坚持进行自主预习的习惯，预习过程中，过半数的学生注重质疑，这与学生课前预习时质疑意识和能力的表现一致。教师和家长指导预习的过程中应注重培养质疑意识，逐步提高能力，进一步养成习惯。学生自学过程中，有坚持进行自学习惯的学生超过 60%，约一半的学生有运用所有本领进行自学的习惯，仍需要培养。

大部分学生已经有了预习和学习准备的意识，具备了课前阅读、检索与查询及批注能力。大部分学生也养成了预习和自学的行为习惯。需要重点培养学生课前预习的质疑意识，并提高相关能力以形成质疑的习惯，辅之以区分及培养“四点”（重点、难点、关键点、关注点）的能力。

2. 学生课中自学

学生课中自学参与意识有较大差异，质疑意识较强，但仍需提高。学生课中自学时参与练习的比例最高，超过 70%，参与答疑及讨论的积极性比参与练习的意识低，原因在于，相对练习而言，答疑和讨论难度较高，更需要学生的积极思考和互动，因此学生参与度要想进一步提高，需要老师在课堂上的指导，并细分任务，以带动较多的学生参与其中。超过 60%的学生在课中自学时，对于疑难点有钻研意识，不到 60%的学生学习知识点时有由此及彼的联系意识。仍需要培养学生课前的质疑意识，课中要带着问题思考钻研，增强发现重点、难点的敏锐意识，解决问题时，要不断培养学生由此及彼，举一反三的联系意识。学生课中自学主动记笔记及及时记笔记的意识较强，接近 80%的学生能够做到主动、及时记笔记，有反思批注意识的同学较前两者少，这是更高一步的要求，需要老师在课堂上对学生做进一步培训。

学生课中自学的参与意识有较大差异，其中练习意识最强，答疑和讨论意识需要提高，质疑意识总体较强，但仍需提高，学生的笔记意识较强，其中反思批注笔记意识仍需提高。

学生课中集中注意能力总体较强，主动质疑能力需要提升，有效理解能力有差异。接近三分之二的学生认为自己在课堂上有“强”或“较强”的注意力集中性和持久性。认为自己在课堂上思考积极性“高”的学生约 26%，“较高”的学生占 40%，这和学生课中反思、质疑能力需提高一致，课堂上老师应注意多引发学生的思考，并落实到笔头。学生认为自己课堂自学时主动质疑能力“强”或“较强”的同学不到 60%，主动提问能力相比快速提问能力“强”或“较强”的人数低。学生在自学过程中应提高学习的主动性，老师经常感到，提问时大部分学生能够回答问题，但是学生很少主动提问，提问也是种能力，提问能力的培养需要渗透在日常的教学中。

学生认为自己课中的快速、高效、全面理解能力“强”或“较强”的人数约占 65%，高质量的提问能力相比后面三项（有效理解能力、多元内化能力、小结提升能力）要低一些，说明教师在授课的过程中应从提高学生的理解能力入手，学生基于理解才能提出高质量的问题。学生课中自学的多元内化能力需要提升。可以看出大部分学生能够将课堂所学直接应用或迁移应用，个性化应用能力较前两者高出一些，但他们的总体多元内化能力仍需要提升。知识的学习是个系统工程，加以引导，学生是有能力将所学联系实际进行内化的。学生课中自学的梳理资料能力较强，筛选信息能力其次，概括提炼能力相较前两者低，三种能力对学生的要求依次提高，教师需通过课堂上的渗透，和课后作业的积累提高。学生课中自学能力总体较强，但差异较大，学生有相关的能力，但仍需通过训练提高和内化。

学生课中自学主动参与行为习惯总体较强，自学积极思考行为习惯仍需提高。近三分之二的学生课中自学主动参与的行为习惯“强”或“较强”，其中主动参与小结行为习惯最强，其次为主动参与练习，主动参与质疑-答疑行为习惯再次，三种行为习惯对学生的要求依次提高。主动参与质疑-答疑的行为习惯人数比例与意识及能力一致，都需要提高，在平时的课堂学习中，应注重学生质疑意识的培养，提高能力，养成习惯，提出问题后，学生是有能力解决问题的。

学生课中积极思考、主动反思的习惯较好，仍需培养主动提问和参与讨论的习惯。培养学生的积极思考的行为习惯，要从培养质疑意识入手，提高学生主动提问的能力。鼓励学生在思考的过程中出现问题时，向同学或老师提问并参与讨论，形成良性循环。学生课中主动笔记行为习惯培养较好，超过70%的学生能“好”及“较好”地“及时准确简洁地记笔记”和“个性化笔记”，这与小学开始老师和家长就注重培养学生的笔记习惯有关，继续保持即可。

综合学生课中自学意识、能力和行为习惯发现，学生课中自学的参与意识有较大差异，其中练习意识最强，答疑和讨论意识需要提高，质疑意识总体较强，但仍需提高，学生的笔记意识较强，其中反思批注笔记意识仍需提高。学生课中自学能力总体较强，但差异较大，学生有相关的能力，但仍需通过训练提高和内化。学生课中的学习习惯中，主动记笔记习惯较好，自主参与习惯其次，积极思考的习惯需要提高。

3. 学生课后自学

学生课后主动复习意识需要进一步培养；课后独立作业意识较强，完成作业能力总体较好；积极自学的意识需要提高，拓展学习能力有很大差异，自学总结反思能力仍需提高。

不到60%的学生有课后复习和先复习后作业的意识。如果老师不去针对性地布置复习作业，并且第二天检查，很多学生完成了作业就觉得是复习了。出现问题的时候，一些学生可能会去查阅书或笔记，系统性课后复习的意识不强。学生课后独立作业意识总体较强，较多的同学独立完成作业意识比起主动完成作业意识更强，学生的作业主动性要提高。学生课后积极自学的意识总体需要提高，认为自己课后积极自学的意识“强”或“较强”的学生不到60%，尤其是主动预习下一节课意识最低，约55%，要想增强学生课后的积极自学意识，需要对学生进行课后自学的系统指导，例如提供课外阅读书单，布置可检测的下节课预习任务，提供网络链接等拓展学习资源，并提供量表，供学生自主监控学习结果。

学生课后完成作业情况总体较好，大部分学生能够又快又好地完成课后作业，绝大多数学生能够在规定时间内完成作业，继续保持良好的习惯即可。学生课后自学的拓展能力有很大差异，这与他们学习不同内容的积极性有很大关系。学生对兴趣爱好类拓展比起学科拓展更积极，如果能够探索将学生的兴趣爱好和学科结合，学生会对课后拓展更加有兴趣。

经常进行总结反思的学生刚超过一半，经常进行课前和课后反思的学生更少。总体而言，学生对总结反思的意识不强，学生在课堂学习时进行总结反思的比例稍高一点，这与课中主动反思行为习惯人数比例基本持平。

学生课后坚持自学的习惯仍需继续培养，学生理解的自学还需要明确具体的任务，例如课后自学可以分为复习、作业、预习，学生在作业方面完成得较好，复习、预习方面仍需要提高。

（三）学生自信意识、能力、行为习惯素养现状分析

学生学习自信意识还需要提高，尤其是学习状态自信意识，学生有学习的兴趣，也有较强的动机，想有更好的学习状态，对自己的学习更有自信，教师和家长可以加强引导和督促，培养学生的学习状态自信意识。学生学习自信能力差异较大，使用工具书和使用网络能力总体较强，独立解决问题、阅读分析能力其次，需要继续提高的是大胆质疑和勇敢表达

的能力。尼尔森博士提出要想成为一个有能力的人，必须具备七项重要的感知力和技能，其中就有一项是判断力①。要提高学生运用智慧，根据适宜的价值观来评估局面，并做出判断的能力。大胆质疑后，再运用人际沟通能力，大胆表达观点，这对学生是个很大的挑战，需要通过不断培养自信意识，提高相关能力，并培养相关行为习惯来实现。

学生交往自信意识仍然需要提高，尤其要认识到交往的价值与有意识地学习交往。学生在初中阶段，往往喜欢也习惯于和固定的同伴交往，因为兴趣相投，交往起来很顺畅，需要提高学生在陌生的环境或者与陌生对象交往时的自信意识，提高学生善于与他人合作的自信意识，并在沟通、协作、协商、共情、倾听等基础上建立友谊。

这几项能力中，学生倾听能力较强，有效提问、与不同对象交往及礼仪修养能力相对较弱，说明学生在人际交往中，更愿意倾听熟悉的人说话，倾听过程中，有效提问能力仍需提高，加强礼仪修养，任务中与同伴沟通、共同协作完成任务等能力仍需要培养和提高。

三、结论与对策思路

上述数据表明，中学生的自律意识能力行为习惯普遍较好，小学阶段已经形成了较好的自律素养，体现在起居、用餐、日常

① ［美］简·尼尔森著. 玉冰译. 正面管教[M]. 京华出版社，2009.

行为、同学交往、校内集体活动、完成任务、守时、安全八个方面。在家学生能自律地管理自己的生活，在校学生能自律地参加学校的日常和集体活动，并和同学交往；在社会实践中，学生能注意安全，准时完成任务，和同伴交往中也注意自律。学生的学习自律意识能力行为习惯仍有待提高，尤其是在家学习自律意识。小学时虽然已经初步养成了学习的意识和习惯，但不少学生需要老师或家长的监督，学生还是希望自己能够自律地学习，培养自控能力；在校的学习自律素养稍好于在家时，学生在老师的指导下，自律的学习行为习惯稍好，学生在家的学习还需靠家长的监督，学习自律意识和能力仍需要提高。

相比自律、自信，自学是这次问卷调查中亟待提高的部分，预习、质疑、批注等相关的意识、能力行为习惯有待提高，课中自学表现在质疑、全面深刻理解、多元内化及质疑、提问讨论的能力亟待提高。课后学习预习和复习的动机意识、能力和行为习惯需要提高和培养。说明学生还是停留在因为老师要求所以要做的层面，较少去进行深度思考，预习和复习缺乏动机，课堂参与较多以回答问题方式呈现，讨论及提问较少，相关能力和行为习惯仍需长期培养。

学生总体自信意识能力行为习惯较好，尤其是生活自信方面，学习状态自信意识、大胆质疑自信能力以及做好预习的学习自信行为习惯仍需提高和培养。交往自信方面，交往价值和大胆质疑表达能力仍需提高，表明学生对自己的生活能够自信地面对，学习方面总体不错，同学交往中他们自信地倾听和提问，遇到不同意见，他们想要表达和质疑，还缺一些自信和勇气。

针对以上情况，我们应该注重培养学生的学习自律素养，提升自学素养，培养学生的学习和交往自信。在培养的过程中，应注意以下几点：

第一，注重提升学生的学习自律意识，通过学校教育和家庭教育指导，提升学生的自尊水平，帮助他们建立自尊体系，从而提升自律素养。

第二，通过学校教育，提升学生的自学意识，提高自学能力，培养自学习惯，习惯养成的过程中，让学生从培养习惯到养成新的习惯，这中间需要老师带着学生，一起刻意练习，养成习惯不是仅关注时间，次数更重要。这样的学生还不够多，这是我们通过带领更多的学生，通过练习，为之努力的方向。

第三，加强家校和社会的配合，给予学生更多的赏识和欣赏，提高他们的自尊水平，建立完善的自尊体系，从而提升学生的自信素养。

第二节　“三自”教育的开展与实践

一、“三自”教育的内涵与实施依据

（一）内涵

所谓积极心理学，就是“倡导人类应该用一种积极的心态来对心理现象和心理问题做出新的解读，以此激发每个人自

身所固有的某些实际的或潜在的积极力量和品质，从而使每个人都能顺利地走向属于自己的幸福彼岸。”[①]。积极心理学对人的积极的情感体验、积极的人格特质的培养应用在教育教学中都可以起到开放学生潜力、帮助学生成长的积极作用。在本课题中，主要运用积极心理学的积极的情绪体验、积极的人格特征（乐观）、积极的学习环境原理（以下简称积极心理学“三原理”）。

所谓“基于积极心理学原理的初中生‘三自’教育”，就是以积极心理学“三原理”为指导，有机结合相关举措，对初中生从“三自”意识、能力和良好行为三维度加以培育的过程，以促进学生自律、自学、自信的“三自”素养发展，促进学生的健康快乐成长。

（二）研究依据

1. 落实“中国学生核心素养”培养的需要

2016 年 9 月 13 日上午，北京师范大学举行了中国学生发展核心素养研究成果发布会，提出了“中国学生发展核心素养”的概念，即学生在接受教育过程中，逐步形成的适应个人终生发展和社会发展需要的必备品格与关键能力。中国学生发展核心素养包含文化基础、自主发展、社会参与三大方面，综合表现为人文底蕴、科学精神、学会学习、健康生活、责任担

① ［美］克里斯托弗·彼得森. 积极心理学. 徐红，译. 北京：群言出版社，2000.

当和实践创新六大素养，具体细化为国家认同等十八个基本要点，对凌桥中学学生而言，自主发展方面的学会学习、健康生活素养是目前最为迫切想要提高的素养。因此，本课题的研究是落实学生核心素养培养的要求。

2. 推进“强校工程”建设、促进学校内涵发展的需要

近年来凌桥中学完成了“偏远农村初中学生‘自信、自律、自强’教育实践研究”的市级基础教育内涵建设项目，学生的自我约束能力有所提升，学习积极性有所提高，学生的素养得到了一定的发展。然而，生源中的外来务工随迁子女的流动性很大，办学特色不明显，以至学校的教育质量在同类学校中处于中等偏下水平，社会声誉一般。2018 年 11 月 15 日，凌桥中学被列入浦东新区“强校工程”实验校名单，学校抓住机遇，在深入总结老“三自”教育、广泛听取师生需求的基础上，积极准备，力求主动，希望经过 3—5 年的努力，实现学校在原有基础上，教育教学状态明显改善，学校办学特色明显增强，整体办学质量明显提高，家长对学校的满意度明显提升，建成凌桥社区“家门口的好初中”。因此，开展本课题的研究，是为了激发学校的内生动力，营造更加健康的义务教育生态，切实推进强校工程建设，提高办学质量，促进学校内涵发展而提出的。

(三) 基于积极心理学原理的“三自”素养培养内容

对初中生的基于积极心理学原理的“三自”素养的培养内容，我们都是从意识、能力和行为“三维度”进行三级要素分解。其中，自学素养培养的三级要素分解，还分为课前、课中

和课后“三过程”(简称“三程”)。由此,共分解到了自律素养培养“三维度”的三级要素33项,自学素养的“三维度”和“三过程”三级要素80项,自信素养培养“三维度”和“三过程”的三级要素35项;合计148项。(详见附录)

二、基于积极心理学原理的初中生“三自”教育学校实践

(一)学科教学实践

以积极心理学“三原理”为指导,以学科教学的课前预习、课堂学习和课后学习(即教学“三程”)中的若干方面的举措为抓手,对初中生的自律、自学、自信素养,从意识、能力、良好行为习惯三方面入手进行有机培养,以促进学生改进相关不足,发展相应素养,促进学生健康快乐成长的探索实施路径。

1.课前预习中培养

所谓“课前预习中培养”,是对即将要学习的课程按教师规定任务和自选任务,有机结合相关举措促进学生自主进行事先了解、探索性学习,培养学生良好的自主预习意识、阅读与质疑能力和良好的预习习惯,并提升自律和自信相关“三素养”。

首先,自主完成规定性预习任务(简称“规定性预习任务”)。一是自主阅读;二是圈画不理解的内容;三是自主充实,完成教材思考题和课后配套练习中的简单部分自主;四是自主质疑、充实解疑;五是做好学习用具准备;六是自主监控完成规定性课前学习任务的时间、质量。

其次，自主完成自选拓展性(趣味性)预习任务(简称自选性预习任务)。一是自主阅读教材选定感兴趣的拓展学习主题(点)；二是自定目标、预设完成要求；三是自主收集材料，进行自学，尝试整理结果；四是对照自设目标和要求，自主监控拓展性(趣味性)学习过程与结果；五是注意监控情况，确定后续学习安排；六是自主记录、整理、归纳自选性预习任务完成情况，归类保存自选预习；七是根据需要，自主参与课前或课堂交流分享、反思。

2. 课堂学习中培养

在相关学科课程学习指定的相对固定的场域(课上)学习的过程中，落实主要环节(新课导入、教学展开、新课小结)的实施相关举措，在提高学科课堂教学实效的同时，有机提升学生相关自律、自学和自信意识、能力和良好习惯素养。

首先，新课导入中培养。一是创设适于学生自主质疑、探索的情境；二是由学生尝试组织导入阶段的旧知复习；三是借助预习提问，引导学生自主解疑；四是组织“今天我当家”系列活动——“学生主持新闻播报”(思品)、“历史上的今天”(历史)、“今日好料”(语文)、“近期趣象”(数、理、化、生、地、信技、心理、劳技等)、“近期一练”(体育与健身)、“我(们)的欣赏”(音、美)、“我做小先生”(所有学科)等。

其次，教学展开中培养。一是教师系列问题引导，学生自主探索；二是学生主动质疑，自主探索解疑；三是学生积极参与探索交流，说明解疑结果；四是学生积极参与黑板演示，勇于交流探索过程；五是学生参与梳理，自主概括展开阶段所学；六是加强自控和互控，集中学习注意力；七是教师加强观察、巡视，及时激励学习基础不一学生的相关“三自”行为，促进提高展开阶段学习实效和提升相关“三自”之“三素养”。

c. 课尾小结中培养。一是小结主体以学生为主；二是小结内容有机融入学生的学习体会、经验和个性化方法；三是小结的形式以教师引导下的学生独自小结与同桌、4—6 人小组合作小结为主；四是小结的表达以学生个体为主、小组合作为辅，多形式（关键词、表格、关系图、思维导图、文字加符号等）地加以表达；五为小结结果的自主利用；六为学生自主小结后产生的新疑解惑。

3. 课后学习中培养

在课后自主及时反思、自主复习、作业和自学中落实相关举措，在提高相应课后学习活动实效、锻炼自主及时反思、复习、作业和自学能力与培养相应良好学习习惯的同时，有机培养学生的自律和自信相关“三素养”。

首先，自主反思学习过程。一是主动反思预习过程的有效性。二是主动反思课堂学习内容、方法、实效、体会、自己的经验、需要完善之处等。三是主动反思课后复习、练习和自学的完成情况。四是同步注意做好反思记录。五是一定时间（如，1 周、1 个月）后，对比反思改进情况，简要分析优势与不足，提出后续优化反思设想。

其次，自主复习和作业。一是主动复习课堂所学；二是对所学内容和笔记等，进行自主梳理、完善、归纳总结；三是自主及时完成规定作业和相关选择性作业；四是注意自主化解作业中的遇到的困难；五是注意监控、记录作业完成时间、准确性、规范性、创意性和独特体验；六是注意听取后续师生对作业的反馈，注意完善自己的作业，并记录反思。

其三，自主学习。一是单课相关教学内容的提高拓展性自学；二是主动进行单元知识体系的自主梳理、归纳性自学；三是自由选择相关学科感兴趣主题（点）的兴趣性自学；四是对热点问题的追踪性自学；五是对自己一定时期聚焦的内容主题的兴趣特长性自学。

目前，已开展的"基于积极心理学原理的初中生'三自'教育的实践与研究"之实践研究课5节，简况如下：

表4-1　基于积极心理学原理的初中生"三自"教育实践研究课

编号	研究课名称（简称）	学科	课型	备　注
1	基于积极心理学三原理，科学实施"一原则·六式"提升学生"三自"素养的探索——以科学"分析与综合专题复习练习"教学实践与分析为例	科学	复习课	研究课设计定稿，课例修改中
2	基于积极情绪体验和环境原理，实施"三式·一法"提升学生"二自"素养——《青春舞曲》区级课题研究课教学设计	音乐	基础课	研究课设计定稿，课例修改中
3	基于积极环境原理，实施"两式·三法"提升学生体锻"三自"素养——以六年级广播操《舞动青春》复习课研究课设计	体育	复习课	研究课设计修改中

续　表

编号	研究课名称(简称)	学科	课型	备　注
4	基于积极心理学二原理,实施“四式·三法”提升学生“三自”素养——《验证阿基米德原理》研究课设计	物理	基础课	研究课设计修改中
5	基于积极心理学“三原理”,实施“四式·三法”提升学生人物传记学习“一自”素养的探索——《美丽的颜色》学科研究课	语文	基础课	研究课设计修改中

简析上述5节学科研究课,积极心理学“三原理”和教学“三程”的主要环节总体上已经涉及。

(二)校本课程建设

按照“以人为本、和谐发展”的学校管理追求,根据课题研究实践目标、参照学生“三自”素养发展现状调查(前测)结果、学生素养发展目标和积极心理学“三原理”,完成8项研究内容,尤其是以课程(学材和评价手册)编制、实施和评价的开展为抓手,从而促进学生“三自”相关“三素养”的发展,帮助学生健康成长。

1. 课程愿景:转变学习方式,满足学生兴趣,促进全面发展;更新教学观念,促进教师专业发展;开发、丰富课程资源,促进学校特色形成对开发校本课程。

2. 课程目标。增强学生自律、自学与自信的意识,提高学生自律、自学与自信的能力,养成学生良好的自律、自学与自信的行为习惯，进而促进学生整体素养的提高。

3. 课程结构与内容。拟开发覆盖两套5册覆盖四个年级的基于积极心理学原理的初中生“三自”教育校本课程（学材）——基于积极心理学原理的初中生“三自”教育培养内容（自学本）；基于积极心理学原理的初中生“三自”教育培养内容（自主评价手册）。

4. 课程体例：略。

5. 课程计划：具体两套5册的课程类型、对象、课时、考核等细化实施计划，待后续明确。

6. 课程保障：学校将从经费、成员、专家指导、氛围、评估、考核等方面予以保障。

7. 课程实施：将探索本课程在学校龙头课题背景下的实施原则（若干）、基本步骤、实施策略、实施方法。

8. 课程评价：

a. 评价标准——开发本课程之配套学生自主学习学材和自主评价手册的评价标准和本课程结合专题教育途径实施的研究课（活动）评价标准。

b. 评价方法。将参照总课题的评价方法，进行选择和细化操作设计，开展实践研究。

（三）以主题教育为主的德育活动

在了解国内外相关研究现状和本校学生自律、自学、自信意识、能力和行为习惯现状、厘定学生“三自”素养发展总目标和分年级目标的基础上，探索实施原则、实施途径、实施策略和评价标准、评价方法，逐步增强学生相关“三自”意识，提高“三自”能力，促进良好的“三自”行为习惯养成，进而促进学生健康发展。

1. 实施目标

总目标。参照总课题的实践目标之学生素养发展目标（此处略）。

分年级目标。拟按表4-2的框架，参照总课题学生素养发展培养内容的148项三级要素的分解，根据本途径的特点，进行适度聚焦和补充；然后，根据四个年级自律、自学和自信之“三素养”，进行既有所聚焦，各年级又有一定区分度的细化设计。

表4-2　德育活动中实施“三自”教育促进学生自主发展的实践研究分年级目标

年级及目标	自律“三素养”	自学能力“三素养”	自信“三素养”
预备年级 文明守纪	基本养成遵守校规校纪和遵守社会公德、公共秩序的意识、能力和行为习惯，以及家庭起居、用餐、学习等良好的生活习惯	初步养成遵守《凌桥中学学生学习规范》的意识	具备成为一名“合格中学生”自信意识、能力和行为习惯
初一年级 绿色生活	基本养成低碳环保的意识、能力和行为习惯	基本养成课外自学的意识、能力和行为习惯	具备成为一名“环保小卫士”的自信意识、能力和行为习惯
初二年级 学会感恩	培养在校感恩教师、感恩学校，在家感恩父母长辈，在社会热爱党、热爱祖国、感恩社会的良好意识、能力和行为习惯	基本养成课中自学的意识、能力和行为习惯	具备成为一名“感恩小标兵”的自信意识、能力和行为习惯

续 表

年级及目标	自律"三素养"	自学能力"三素养"	自信"三素养"
初三年级 奋斗人生	培养将学校教育目标、家庭期望要求和社会价值追求内化成为自己的个人理想和自觉行为的意识、能力和行为习惯	基本养成课后自学的意识、能力和行为习惯	具备成为一名"合格接班人"的自信意识、能力和行为习惯

2. 实施原则

本途径的实施，拟遵循四条原则：主体性原则、针对性原则、实践性原则、分层性原则。

3. 实施途径

在校内德育主题活动中实施"三自"教育。一是仪式类德育活动。二是主题教育课。三是专项或渗透教育类竞赛活动。

在家庭德育实践活动中实施"三自"教育。一是亲子互学，了解学校总课题和本途径的相关精神与要求。二是日常实施，重在帮助孩子坚持。三是家长注意创设氛围，激励孩子坚持发展"三自"素养。四是加强家校互动，让家长了解学校"三自"教育新要求，交流孩子在家"三自"行为坚持情况等。

在社会实践活动中实施"三自"教育。一是学生自主参加活动并参与集体性社会性实践活动设计；二是加强活动前的自主准备。三是自主做好实践实施，注意做好过程记录与材料积累。四是及时做好社会实践的评价、反思和总结。五是注意加强社会实践获得分享和激励，内化学生的"三自"社会实践素养。

在社区德育实践活动中实施“三自”教育。一是注意丰富活动形式。二是扎实活动内容。三是注重实践落实。四是加强活动评价总结。

4. 实施策略

主要有动机激发策略，主体参与策略，制造认知冲突策略，增进体验策略，多元引导策略。

5. 评价探索

评价标准。开发本教育途径主题教育研究课和具体活动评价标准，一项通用型的；若干分类活动的。

评价方法。将参照总课题的评价方法，进行选择和细化操作设计，开展以下六种评价方法的实践研究。一是量表法，二是调查法，三是观察法，四是竞赛法，五是借助评价手册法（市《学生成长记录手册》和学校课题组开发的相应校本评价手册），六是综合评价法。

2020 年 10 月 22 日，学校启动了“基于积极心理学原理的初中生‘三自’教育的实践与研究”之实践主题教育研究课：在主题班会《自律——做情绪的主人》的教育内容中，有意识地融入基于积极心理学的积极情绪体验、积极人格特征（乐观）和积极环境“三原理”，运用信息技术、合作式、自育式、多元引导式四种形式，借用故事法、情景法、自悟法、测评法、对比法这五种方法，帮助学生引发认知冲突，体会如何处理同学间的摩擦、如何与同学正确交往，以内化正确的交往习惯。

(四) 社团活动的实践

在本校学生社团活动建设和管理过程中，以积极心理学“三原理”为指导，借助“制度建设”“校内社团活动建设”“校外社团活动建设”的相关举措，提高初中生的“三自”相关意识、能力、良好行为习惯方面的素养。

1. 在制度建设中培养

通过让学生自主参与制定社团制度、完善已有社团制度、执行社团制度，培养学生良好的自律意识、自我管理能力，使之养成良好的自我管理习惯，并有所完善。

学生自主制定相关制度。一是自主策划，建立社团招募制度；二是建立社团章程；三是实施社团活动制度（覆盖活动设计、活动准备、活动实施、活动总结覆盖活动评价全过程）；四是设计社团考核制度。

让学生完善已有制度。一是自主学习原有规章制度；二是提出实施过程中存在的问题；三是完善规章制度。

让学生执行制度。通过学生自我评价、互相评价检验执行效果。

2. 在校内社团活动中培养

学校依托良好的校内社团活动阵地组织形式丰富的活动，以积极心理学原理为指导，提升学生“三自”相关能力。

上好校内社团活动课。一是在教学目标、教学计划中渗透“三自”教育元素。二是在日常社团教学中渗透“三自”教育元素。

搞好校内社团传统活动中。在元旦迎新汇演、“六一”表彰活动中渗透“三自”教育。

3. 在校外社团活动中培养

学校依托良好的校外社区资源，组织形式丰富的校外特色社团活动，以积极心理学原理为指导，提升学生“三自”相关“三素养”。

鼓励学生积极参与校外专项比赛。在艺术节专项比赛（朗诵、戏曲比赛等）、体育专项比赛（足球联盟 U15 比赛）中渗透“三自”教育。

鼓励学生积极参与社区活动。借助社团表演进敬老院渗透“三自”教育；借助社团表演进社区渗透“三自”教育。

（五）班级建设实践

在班级建设及日常管理的过程中，以积极心理学“三原理”为依据，通过班级组织建设、班级环境建设，有效提升初中生自律、自学、自信的意识、能力，养成良好行为习惯。

1. 班级组织建设

搞好班委建设。引导自主建立班委。学生自主交流个人情况，摸清班情；自主了解班委职责，协定班委自主推荐，成立班委选举委员会（以下简称选委会）；由选委会组织民主推荐和确定候选人；指导选委会组织班委会民主选举，指导选委会确定班委成员。指引班委自主管理自习时间。自主探讨并健全自习制度；班委以身作则，树立自律典型；班委根据实际，反馈不足，自行查缺补漏，转变自习时间管理行为。

搞好班级制度建设。一是建立班委成员日常工作制度。明确班委成员职责，实施班委成员工作制、班委制度考核制。二是建立班级值日制度。规定班委值日，设定班级卫生一人一岗值日、值周班包干区值日。三是建立班级纪律制度，包括考勤纪律、两分钟预备铃纪律、课间十分钟纪律。

2. 班级环境建设

让学生积极参与班级自然环境、人文环境建设，创设班级共同愿景，有效提高初中生自律、自学、自信的意识、能力，养成良好行为习惯。

班级自然环境建设方面让学生自发养护“绿化角”，自主管理“生物角”。

班级人文环境建设方面让学生自主设计主题黑板报，自选图书创设“图书角”，自主规划“学习园地”及“中队角”，张贴激励标语，合理填补墙壁空白。

创设班级共同愿景，引导学生树立共同愿景意识，自主思考班级愿景，交流班级愿景设计心得，讨论确立班级共同愿景。

（六）校园环境营造

鼓励学生参与学校制度建设，借助学校的宣传设施，在“升旗仪式”等重大纪念活动中实施相关举措，在提高这类活动实效的同时，促进学生主动发展“三自”之“三素养”。

1. 鼓励学生参与学校制度建设

引导学生自主参与行为规范养成教育制度制订和执行，

自主参与相关学习制度制订和执行，自主参与校园卫生制度制订和执行，自主参与安全教育制度制订和执行，自主参与体质健康制度制订和执行。

2. 用好学校固定宣传橱窗

在宣传橱窗中开设学生自主学校行为规范评比栏，让学生自主参与，两周更新一次的校园安全栏宣传，让学生参与本校学生“三自”榜样栏宣传和维护实践。

3. 用好学校临时宣传阵地

根据活动，实时悬挂相关“三自”主题教育活动标语；让学生参与举办“三自”主题教育活动展板宣传；让学生参与校刊《凌之桥》宣传与激励实践。

4. 用好电子类工具

利用校门口电子大屏幕宣传本校学生“三自”榜样事迹、经验等（含学生自主参与宣传）。引导学生利用学校闭路电视自主组织“三自”教育主题活动、先进表彰的实况转播。引导学生自主组织学校红领巾广播台新闻节目的信息采、编、播、评、改。

5. 搞好升旗仪式

升旗仪式交由学生自主主持。讲话稿内容由学生自主采集、撰写并演讲。升旗手由各班学生自主推选的学习、“行规”（行为规范）优秀学生榜样担任。

6. 用好学校相关场馆

由学生自主采集本校学生“三自”素养发展榜样信息、照片等，进行环境布置。鼓励学生参与，自主管理场馆中的日常活动。鼓励学生自主参与本校场馆中重大活动、志愿者活动。

2020年11月，利用城乡义务教育中央补助经费，在校园不同的醒目区域设计建设了五块大电子屏，与学校行政楼的电子屏幕一起，探索校园“每日一……”的电子环境营造，实施教育“五形式”，即“每日一语分享，每日一事提醒，每日一赞(展)(师生家长其他均可)，每日一禁，每日一练”。

(七)家庭教育实践

把握学生/孩子“三自”素养在家庭中表现的现状，结合“三自”家庭教育中之实施目的、步骤、策略、形式和相关评价举措的落实，在提高这类家庭教育实效和提升家长这类家庭教育素养的同时，提升学生/孩子的自律、自学和自信相关“三素养”。

1. 问题提出

学生的“三自”素养普遍存在一定的不足。家长在家庭教育中对孩子的“三自”现状缺少精细的了解，对学校“三自”教育精神和具体要求缺少了解，对如何加强家校配合做好孩子的“三自”教育缺少了解，对在家庭教育自主对孩子实施“三自”教育的指导策略、方式方法缺少了解，对孩子的日常“三自”教育的实施缺少支持。

2. 实施目的

针对相应时段孩子“三自”素养和家长自身在这方面教育中所迫切需要解决的问题，按照一定的实施步骤、实施策略、形式和评价举措自我改进，促进孩子改进相应不足，提升相关

“三自”素养。

3. 实施步骤

基本按照以下步骤展开：第一，学校指导；第二，家长学习；第三，家庭实践；第四，结果评价；第五，总结反思。

4. 实施策略

在实践中，要注意运用动机激发策略，诊断先行策略，主动反思改进策略，尝试实践策略。同时，也要尝试多元引导策略，加强自我总结策略，注意分享策略。

5. 实施形式

集体指导。一是面授。相关专家、学校行政领导、班主任和任课教师等，与家长直接面对面地进行家庭“三自”教育方面的指导，提高家长在家庭实施“三自”教育方面的素养、改进家庭“三自”教育，提高教育的实效。面授的基本程序为确立主题，进行设计，开展准备家长学习，内化改进等基本内容。二是组织观看相关视频。三是组织家长论坛。四是借助网络。

提供资源。不定时地向家长推荐一些有关家庭“三自”教育的书籍、文章、视频等资源，家长加强自主学习，家长之间加强经验交流，改进家庭“三自”教育策略和方式方法，提高教育实效。

电子互动。通过班级家长 QQ 群、微信群、“晓黑板”、班级博客等方式，和家长及时沟通与交流，让家长了解学校“三自”教育课题研究内容、近期研究热点、需要家长配合教育的主要工作、“三自”教育的途径、策略、形式和评价的相关举措，促进家校互动配合，提高家庭“三自”教育实效。

个别指导。通过电话、家访、家长来校等进行个别交流，学校班主任和学科教师加强和家长的联系，针对学生（孩子）“三自”素养和教育活动方面近期出现的较为重要的情况和特殊事件等，与家长及时进行沟通，引导家长加强或改进家庭“三自”教育的实施，提高教育实效。

评选校级和镇级家庭教育（含“三自”教育要求）优秀家长。明确要求通过宣传发动，由家长自愿申报并提出自荐材料，然后组织班级推荐、组织年级推荐和家委会推荐，通过组织学校优秀家长评选和学校推荐，由镇评出家庭教育优秀家长，并组织表彰和宣传活动。

6. 评价举措

建立评价标准。一是参与研制基于积极心理学原理的初中生“三自”家庭教育活动评价标准；二是鼓励家长和孩子一起协定家庭“三自”教育相关任务完成情况评价标准。

细化评价方法。根据总课题的评价方法，结合本途径，适当进行调整、充实后，细化为五种评价方法并运用于实践。一是量表法。二是调查法。三是观察法。四是自我总结法。五是分享法，包括借助市《学生成长记录手册》和借助学校课题组开发的相应校本评价手册。

三、实施策略

（一）动机激发策略

基于积极心理学相关原理，通过创建良好的教育教学的主要实施途径和评价的相关举措，改进教育内容的学习材料和加强表扬激励，让学生明确“三自”的意义和目的，促进学生在生活和学习中主动发展“三自”相关的“意识”“能力”和“良好行为”素养。

1. 促进学生对意义价值的了解

学校、班级加强多元化的宣传。发动家庭参与宣传。组织学生进行多元化的合作学习、自主学习。发挥班委会、团队组织、社团等学生组织自我教育的作用。组织学生开展多元实践体验。组织“三自”知识竞赛。分享自学和教育经验。树立学生“三自”素养主动、全面、良好发展的榜样。这些举措让学生由外到内明确了“三自”素养的意义价值所在，提高了学与用的自觉性。

2. 分层分类培养

分途、分类加强了解，把握相关学生集体、个体“三自”之能力方面的情况，尤其是问题所在。组织学生进行自我诊断，明确自己阶段性“三自”能力发展目标。家校配合，创设积极的多元化大小环境(含提供新颖、生动、有趣的学习材料)，吸引学生主动学习“三自”相关的知识和技巧，加强日常锻炼。组织单元化竞赛，鼓励主动发展、克服短板，发展相关“三自”能力。鼓励自主总结，及时分享学生自主训练、提高“三自”相关能力小诀窍和经验。多途表彰、奖励，鼓励学生主动发展“三自”能力。实施分层激励，使“三自”能力基础不同的学生，都有受到激励的机会。这就较好地弥补了学生自律、自学、自律能力参差不齐的不足，有效地增进了学生主动发展相关“三自”能力的动力和自信。

3. 针对学生自律、自学、自信良好行为方面的不足

引导学生自主诊断，了解原因所在。针对原因，组织学生设计改进计划。家校配合，促进孩子(学生)自主落实实施计划。实施定期评估，调整后续实施计划。加强多元化激励，鼓励孩子(学生)坚持主动发展相关“三自”良好行为习惯。这就使学生逐步改进了自律、自学、自信良好行为方面的不足，使学生“三自”整体素养得到。

(二) 主体参与策略

基于积极心理学相关原理，通过“三自”教育两大类 7 条途径，让学生自主参与教育教学设计、实施，参与评价标准制定和评价方法运用，展开多层次课题研究成效评价，唤起学生多元化的主体参与意识，促进学生主动发展相关“三自”之“三素养”的发展。

1. 教育教学设计中的学生参与

(1) 参与教案设计

以学生参与教育教学方案的设计为例。学生参与主题教育活动方案的设计，包括确定活动主题、协定教育目标，分配教育活动任务、参与评价设计等。学生参与探究活动的设计，包括确定探究主题、策划探究方案、参与探究任务分工、探究活动过程设计、提出评价建议等。这一过程，较好地激发了学生在教育教学方案设计中的积极性，从而贡献了各自的智慧。由于学生初步熟悉了后续需要做的工作，为后续参与活动提高主动性、确保速度和质量奠定了基础。

(2) 参与教学准备

学生帮助准备教学仪器。学生在自己的课桌右上角，摆放好拟用的课本等学习用品。由多媒体专管学生打开多媒体等上课所需电子设备。学生自主做好学习知识准备。学生做好积极学习心理准备。这一过程，很好地体现了学生在课堂教学准备过程中的自觉性，为师生及时投入课堂教学、进行高效学习创造了条件。

(3) 参与课堂教学

两分钟预备铃，学生快速坐好并保持安静。这一过程，可以让学生从课间休息迅速投入课堂上课状态，为调动学生学习积极性，集中注意力，确保听课效率作了铺垫。课堂教学进行中的前 5 分钟，增加学生主持、预习反馈、时政播报、历史上的今天介绍等环节。正式上课中注意引导学生参与，诸如，新课展开、集中小结、布置作业、个别辅导。

(4) 参与课后辅导

学生自主复习。学生自主辅导作业。进行自主学习，如自己辅导，同伴辅导，请家长帮忙指导，借助相关资源工具。这一过程，旨在引导学生自己梳理与巩固上课内容，对于困难学生开展互帮互助，采用不同的学习方法促进学习成效。

(5) 参与测试评价

让学生尝试自主命题，参与组织测试。让学生尝试参与反馈评估，参与测评工作的总结反思。

以黄佩青老师《预备英语听说课“Rules round us”》为例：

① 课前，学生按预习单的要求，独立从社会相关现场和从

网络搜集公共场所禁止和提示引导标志，完成预习任务。

② 课中，在一、二教学环节，借助课堂学习单、信息技术、有机讲授、多元训练、随机激励等，引导学生独立参与预习反馈交流、认读生词、词组和句法，聆听、思考、了解 rules 和 signs 之间的关系，了解禁止标志的表达方式，尝试加以练习、运用。

③ 课后，让学生自主选择一则班规，独立完成"图文互文式"作业和配套练习册的练习。

独立完成①——锻炼学生独立从社会现场和从网络搜集公共场所禁止和提示引导标志的能力；引发后续参与对相关标志进行探索、交流的兴趣；独立完成②和③——锻炼学生快速观察浏览和配对图文的能力，初步掌握禁止标志的意思和运用两个禁止句型加以表达的能力，自主思考找到不同规则所在场所的能力，课后及时复习、多形式巩固新知的能力；增进遵守规则、宣传规则意识；逐步积累学习的成功感受，增进这样学习的兴趣。

2. 教育教学活动实施中的参与

(1) 教育教学活动前的参与

课前检查。以学生自查、互查及教师抽查等多种形式，检查预习任务和复习作业完成情况。如学生已经根据上节课学过的旧知识，完成教师布置的预习作业：思考"如何测量物体排开液体所受的重力"。

反馈。回忆思考，参与回答"当物体全部或部分浸在液体中时，会受到液体对它向上的浮力，浮力大小等于排开液体所受的重力。表达式：$F_{浮}=G_{排}$”。通过反馈，督促学生主动完成预、复习目标的达成，促进学生课前预习和及时复习的意识和习惯的逐步养成。反馈内容包含任务完成率、及时性和时效性——质量；反馈形式分为全体学生反馈、部分学生反馈、学生个体反馈；反馈方式分为言语点评、分值评定、书面评语。

上述过程，促进了学生课前自主预习、及时复习等良好学习行为习惯的养成。

(2) 教育教学活动中的参与

如初三物理实验课《验证阿基米德原理》第一次教学“借助多媒体呈现阿基米德原理的内容，开始实验准备——巩固测定浮力的方法，交流重力的测量方法，并观看教师示范实验”环节。师：我们怎么测量浮力呢？要用什么测量工具？→生(思考回答)：“用弹簧测力计，先测物体的重力，再将物体放入液体中读出此时弹簧测力计的示数，两次示数的差即物体所受浮力。”

教师示范实验：如何测量物体所受到的浮力。结果，学生回答：先用弹簧测力计测出物体的重力，再将物体放入水中读出此时弹簧测力计的示数，两次示数的差即物体所受浮力。

师：除了要测浮力，我们还需要测出物体排开液体所受的重力，在前几天，老师布置了一个作业，思考：如何测物体排开液体所受的重力？

学生通过自主参与、答问，交流分享浮力和重力的测量方法(溢水杯法详细过程)；同时，引发小组合作实验的兴趣。

(3)教育教学活动后的参与

在自主练习中参与。如，规范填写实验报告习惯的培养。首先明确要求，独立填写、自主完成、规范书写；其次同伴监督，相互提醒；再次示范引领。通过展台展示规范、优秀实验报告填写的范例，正面激励、引导改进。最后小组合作练习，分工时坚持与“弱项”相对应的原则，如规范书写不够好，尽可能承担书写的任务等。

互助交流中参与。如，请小组中同伴指导自己的“弱项”任务完成的效果，取长补短。这样，教育的效果更明显。又如，《青春舞曲》教学实践课后，老师布置学生先独立后小组合作完成作业2：一学生上网查询相关资料、一学生编排《摘葡萄》动作、一学生负责协调。通过这一过程，三位学生体验并完成了自主收集、运用网上特定信息与课堂新学技能，小组合作创编维吾尔族舞蹈动作，锻炼了小组协调能力、进行分享和评价能力；增进学生“自主学习和自信”意识和促进课后相关良好音乐表现表达良好行为习惯的养成。

3. 评价标准制定中的参与

让学生参与评价内容、评价要求、评价特色的制定与研讨。

4. 评价标准与评价方法运用中的参与

让学生参与已有的评价标准和评价方法的实际运用。让学生参与具有个性特色的评价标准与评价方法的设计与运用。

5. 参与课题研究的评价

让学生参与教育教学具体活动的评价。让学生参与评价标准与评价方法运用和完善的研讨、建议。让学生参与总课题前测与后测学生“三自”素养现状调查。让学生参与一级子课题和相关小课题研究成效的评价。这样，既激发了学生在评价中的主体地位；又了解和梳理了相关评价标准的内容和操作要求，引导学生相关“三自”素养的发展；还提高了学生独立或小组合作进行客观、公正评价的能力。

(三) 反思性策略

这是指基于积极心理学相关原理，通过探索反思的内容、时机、表述、改进、总结和再反思的过程，旨在促进学生加强对相关“三自”素养的自我诊断、准确定位发展目标、加强自主实施和监控、调整、总结与再反思，以提升学生主动发展“三自”之相关“三素养”的发展艺术。下面以学科学习中的反思为例。

1. 反思的内容

(1) 参与教案设计后的反思

学生主要参与课前、课中、课后相关教育教学活动的教育教学内容选择、教育教学举措、课尾总结和布置作业设计后的反思。以主题班会教育课为例，学生参与课前小品编写、排练设计后，相互讨论，提出修改意见；相关教育策略、实施形式、实施方法和过程性评价设计后注意让学生参与讨论，分析是否合理，进行必要的设计调整。这既合理吸收了同学们的教案设计中的反思成果，又增进了学生参与教案设计后反思的成就感和自信，还提高了后续教育活动的实效。

（2）参与教学准备后的反思

学生根据自己的“三自”学习任务，通过教师课前提供的视频、文档、问题链等学习资料进行自主学习后，教师借助课前练习、小组交流讨论提出问题等方式，了解学生的课前预习完成情况反馈；教师根据反馈的情况，在教学内容的选择、容量和难易上，进行必要的调整；还注意改变某些教学方式，解决学生的实际问题。这样，让学生感觉得到了自己的相关情况受到了教师的重视，相关意见得到了肯定，进一步体验到了做好自主预习的优势，从而增强做好自主预习和加强自主预习管理的兴趣，提高进行自主预习的能力，并注意进行预习情况的自主反馈调节。

（3）参与课堂教学后的反思

反思课前准备，教师要求学生对照“三自”要求，反思在课前是否做好了上课的充分准备，包括学习用具准备和心理准备。反思课堂导入，预复习任务完成情况、及时性和时效性；反思展课中的表现，包括行为规范，集中注意力，积极思考，主动参与，敢于质疑等方面。反思巩固练习，包括自主练习、小组合作联系、互助交流的规范、注意倾听、团结协作等要素。反思课堂小结，包括梳理知识、小结学法、交流感悟、提出新疑等。反思布置作业，包括预习复习作业任务的明确程度等。这样，让学生了解自己课堂上的相关情况，明确自己的优点与存在的不足，以便能有针对性地及时加以改进，努力提高课堂实效，提高成绩，从而增强自信。

(4) 参与作业反馈后的反思

教师主要引导学生关注作业反馈后思考作业完成的及时性、规范性、专注性、准确性和一定的创意性。注意记录反思的结果，注意将反思的内容及反思的结果扬长避短。

2. 反思的时机

预习反馈后的反思。一是反思任务完成的及时性。二是反思完成率。三是反思完成的质量。这样，督促学生预复习目标的达成，促进学生课前预习、及时复习的意识的形成和良好行为习惯的养成。

课堂学习中的反思。一是反思听课的效率；二是反思质疑解疑的情况；三是反思参与讨论、交流的情况；四是反思学习的效率和自律卡情况等。

课后复习作业时的反思。一是反思听课情况；二是反思笔记情况；三是反思疑问之处；四是反思可以弥补之处；五是反思作业完成速度和质量。

多元自主反思的实施，促进了学生的学习反思意识；锻炼了不同时机的反思内容和能力；提高了反思后学习的实效；增进了学习自律意识。

3. 反思的表述

一是借助关键词表述。以自学为例，课前学习中，如及时性、数量、质量、创意、修改。课中运用，如反馈导入、新学(输入)、运用(输出)、总结等；参与讨论；注意力；笔记；练习；提问、答问；存疑。二是借助关系式表述。三是借助表格表述。四是借助思维导图表述。五是借助图文结合表述。六是随机口头表述。

这有效地增进了学生的自主反思意识；明确了反思的结果表述方法，锻炼了多元反思表述的能力；增进了学生的学习自律等意识。

4. 反思的改进

一是引导学生改进对反思内容存在的不足之处，增加反思的全面性、辩证性、具体性。二是改进反思时机的及时性，增多反思的时机、增加即时反思和注意加强随机激励，促进学生及时进行改进。三是改进反思表述，变口头为主、多媒体呈现设定为主和局部板书为主为口头与显性文字表述为主、多媒体随机呈现与增添为主和其他多样化形式（关键词、纲要关系式、表格、思维导图等）呈现为主。四是改进反思总结的，改变由口头为主、教师为主、匆匆为主为口头与显性反思的为主、学生“独合结合”为主和时间较为充足为主。这就更好地发挥了反思引导学生改进的功能，锻炼了及时、多方面进行反思和多元化进行反思、呈现反思结果的能力，增进了反思的自觉性和成功感。

（四）体验成功策略

基于积极心理学相关原理，通过探索“三自”教育“六途”下，分别围绕准确诊断、教育教学设计、实施、评价、总结反思“五视角”的相关举措，增进学生（有时包括家长）的多元化正向激励的感受，促进学生（有时包括家长）主动发展“三自”之相关“三素养”。

1. 创设生活情境，让学生主动参与体验成功

教师组织学生收集生活中“三自”的教学素材，使学生积累一定的感性认识，创设能够吸引学生参与教学过程的各种情境，让他们以一种积极的状态，主动参与教学过程，老师可以启发引导，让学生在自己的体验中收获成功，然后逐步领悟。如，2020 年 9 月 19 日在“世界清洁地球日”到来之际，我校学生组成志愿者队伍，和千名清滩志愿者一起，共同参与“联动出圾、共同守护滨江海岸线”活动。队员们戴上手套、拿起夹子、举起铁锹，一起清理沿岸的垃圾。由于防浪堤的结构，一些垃圾被卡在夹缝中极难清理，队员们就直接用手一堆一堆地把垃圾捧出来。面对大量腐败树木、废弃塑料、白色泡沫、丢弃织物等垃圾，队员们一边捡拾，一边对垃圾进行分类，看到岸边成堆的垃圾，回望身后干干净净的海滩，队员们感触颇深：每个人小小的扔垃圾的举动，竟然会产生如此惊人的垃圾量。而通过自己的一个行动，却能守护滨江海岸线的整洁！

2. 深化体验，促进学生收获成功

教师创设理想的环境，指导学生参与丰富多彩的教学活动或具体实践活动，在收获成功的同时不断自主进行评价与反思，促进学生养成良好的“三自”素养。在上述“联动出圾、共同守护滨江海岸线”活动中，队员们有感而发。队员李缘圆说，一开始以为捡起来的废弃鞋子只有一只，没想到，捡着捡着，一只接一只，垃圾堆下翻出了成堆的废弃鞋子。所以她一边捡一边就警醒自己，以后生活中千万不能乱扔垃圾，做好垃圾的分类，从源头上减少垃圾的产生。队员们在清滩活动中

动手实践，出力流汗，接受锻炼、磨炼意志，培养了良好的劳动品质。同时，队员们自然学会了关注身边的垃圾问题，逐步懂得了用劳动改变我们所生活的环境，为美丽凌桥的建设做出积极贡献，这其中老师丝毫没有强加给学生任何结论，而是由学生在亲身体验中获得的感悟。

五、实施方法

本课题在不同实施途径中，共探索了40多种具体的实施方法。其中具有代表性的是问题引导法、讲（听）授法、榜样法、归纳法、练习法等5种方法。

（一）问题引导法

所谓“问题引导法”，就是基于积极心理学原理，在教育教学过程中，学生在教师问题链的引导下，紧紧围绕一个或几个任务，在强烈的问题动机的驱动下，通过对学习资源的积极主动应用，进行自主探索和互动协作的学习，从而提升学生的相关“三自”素养的实施办法。

问题引导的一般实施步骤为创设问题情境，确定任务，自主学习，效果评价。

案例：曹丹老师《蒸发与蒸腾》教学实践

1. 课中：曹老师通过“创设问题引出新课”环节引导学生思考为什么“用水写的字消失了”，发生了什么？一是及时给予随机激励，提高学生的学习兴趣和独立学习的积极性；二借用表格引导学生梳理蒸发与沸腾异同环节，从中提高学生对材料的分析处理和整合归纳的自学能力；三在“猜测与验证水蒸发快慢的因素”环节，学生通过小组合作选出最快干的方案并解释原因，提高了学生团结合作主动学习的意识，也为学生积极交流提供了机会；四带着老师的问题，“空气流通可以加快水的蒸发吗”“水在哪种情况下蒸发较快”“如何探究液面面积对水蒸发快慢的影响”“你观察到的现象是”，观看四个实验视频并思考问题，帮助学生带着问题去自主学习，有机地提高了学生的自学能力和自信心。

2. 课尾：在“课堂小结，学以致用”环节借助学习单和同学一起解决生活中的小问题“如何使湿抹布干得更快”，进一步增加了学生团结合作的学习意识，积累了积极的情绪体验，使所学知识更加印象深刻。

在问题引导整个过程中，教师注意倾听，作口头随机激励与引导；学生则自主聆听、带着问题进行思考，并最终内化解决了问题。

通过这样的问题（任务）引导，学生在真实的情境中首先提高了学习的兴趣，为了解决问题，学生有了主动探索的意识；借助教师的线索提供，学生自主解读素材，并能够主动进行迁移运用；当遇到问题时，学生主动和同学交往的能力有了提升，自主参与和表达的意识同时增强；当一个问题解决了，学生获得满足感、成就感，从而进一步激发他们自主拓展的欲望，潜移默化，使之逐步养成“三自”相关良好行为习惯。

（二）讲（听）授法

所谓“讲授法”，是指基于积极心理学原理，教师对实施“三自”教育的内容、要求、意义价值等进行讲解，使学生能够比较完整、深刻地理解并掌握正确行为的标准和方法，以逐步促进学生主动发展“三自”相关素养，指导自己、规范自己行动。

案例：朱景超老师六年级语文《小站》教学实践设计

1. 在课堂学习和下次课始对作业的反馈中，结合循序渐进性原则、“五式”的运用和口头说明，对课文内容梳理进行适当说明、补充。

2. 在课堂组织“独合结合”精读课文品词析句时，注意引导学生更快地找准小站之小、小站其实不小之处的描写手法，把握所表达的中心；期间，注意回应学生提问、答问和疑惑。

3. 在下次课始反馈课后作业时：注意口头引导交流反馈、进行激励。

在上述过程中，有机锻炼学生快速梳理文本内容、概括按序叙述、直接描写、侧面描写等写作手法能力；有效把握课文中心的能力;有机提升所定相应“三程”之“三自”素养。

(三) 榜样法

所谓“榜样法”,是指以积极心理学的积极的情绪和体验、积极的人格特征原理,在教育教学活动中,教师有意识地选择以多元榜样尤其是来自学校内部在“三自”素养方面值得学习的个人或集体,加以宣传、分析、表彰,组织学习与仿效等,以有机提高学生“三自”相关意识、能力和促进良好行为习惯的养成的教育办法。

1. 榜样的来源:国内外名人“三自”素养优秀的榜样;社会上逆境成长的榜样;校内学习优良的榜样、学习成绩进步的榜样;校内学习良好行为习惯进步的榜样;乐于合作学习、互帮互助的榜样;校内德性良好和不断进步的榜样等。

2. 榜样运用:我们将古今中外凸显“三自”的伟人、名人做成画框悬挂在学校的走廊、墙壁;收集他们的“三自”小故事在学校屏幕上滚动播出;供学生使用的“三自”三册纸质资源初步完成了编写,并陆续运用于校园和班级“三自”教育环境的营造;学生身边每学期评出的“三好学生”、各班的“学习之星”“进步之星”“劳动之星”等,在校刊《凌之桥》宣传;每周获得“行为规范示范班”“广播操流动红旗”“卫生流动红旗”的班级,在周一升旗仪式上受表扬并获得流动红旗……

由此，一方面具有“三自”能力和良好行为习惯的学生在得到教师的表彰和肯定后，巩固和进一步改善了自身的“三自”意识、能力和良好行为习惯；另一方面，对于在“三自”方面还有欠缺的学生而言，榜样的树立，使他们学有目标、学有伙伴，更有效地促进了他们不断增强“三自”意识，努力提高“三自”能力，逐步养成良好的“三自”行为习惯。

（四）归纳法

这是学科渗透教育研究课中和主题教育活动课等实施途径中引导学生对所学内容、方法和个性化经验等或独立或小组合作进行归纳的实施办法，以锻炼学生自主梳理学习资源，加以梳理、提炼要点的能力素养。

一是课前预习中的归纳，主要引导学生对预习任务中需要梳理、概括结果的任务和内容等，进行归纳；二是开始反馈预习情况中的归纳，重在引导学生对主动预习的参与性变现、完成预习任务的速度和质量、一定的独创性等，尝试归纳；三是课中展开中的归纳——着力于引导学生对与所学分项内容和涉及的显性原理、概念和学习策略方式方法等，尝试进行归纳；四是课堂练习中的归纳——注意解题思路、所学方法的适应性和迁移性运用；五是课尾集中小结中的归纳——强调引导学生注意常态化地区加以实施，并聚焦与小结什么（内容）、怎样小结（方式方法）、怎样表达（小结结果的思维外显）、怎样交流（小结的结果能够简明扼要地用、多形式与同学分享）、小结结果如何利用的归纳——旨在引发学生对小结结果多样化运用的重视和注意完善归纳。

归纳法的坚持运用，使学生懂得了这样进行小结；有效地锻炼独立与小组合作、全班合作对学习资源加以梳理、分析、归类和要点提炼的能力，促进了学生关注知识间的前后联系；增进了做好归纳的价值意识和学用意识，提高尝试归纳、完善归纳的自觉性。

（五）练习法

所谓练习法，是指基于积极心理学原理，在对学生进行"三自"素养培养时，教师指导学生通过巩固知识，运用知识形成相关技能、技巧等学习成效，反映学生的"三自"意识、能力和良好行为习惯，促进后续良好"三自"素养的保持，对"三自"素养不足进行自主改进的方法。

案例：蔡张怡老师六年级广播操《舞动青春》复习课教学实践

1. 集体练习法。在课序三广播操复习和课序四体能练习活动中，教师有机结合"二式"（借助信息技术式、随机激励式），组织学生依次完成随音伴练习广播操《舞动青春》、进行纠错、游戏"比比谁的反应快"和相关体能练习。这使学生掌握各节操的动作方法、路径和节奏的要求；改进了自己的动作，强化了上下肢动作的协调一致及节奏的变化并提升了"三自"相关素养。

2. 分组练习法。在课序三广播操复习最后一个教学环节中，注意营造积极向上的分组学练课堂练习氛围，将学生分四组重点练习教师纠错环节中纠正的错误动作，巩固和提升广播操的动作、方法及节奏的熟练性与协调性，提升了“三自”相应素养。

练习法的运用，一是明确学生通过练习所要达到的目标(或完成的任务)。二是比较练习的具体内容。三是进行及时的反馈。再经过一定的时间，教师要进行检查，了解学生是否具备自主学习的意识，自主学习的能力有没有提高。通过这样的反馈，及时了解了学生在“三自”素养养成方面的情况。当然，检查反馈的形式可以是多样的，有的是学生的自评，有的是生生的互评，有的是小组的点评，有的是师生的互评，还可以是家长的参评。

通过练习，能够有针对性地知道学生在实施“三自”教育活动中的效果、现状和“三自”教育实施时存在的问题，及时加以改正，调整教育策略教学方法等，进而增强学生的“三自”意识，提高“三自”能力，促进“三自”良好行为习惯养成。

六、评价体系

所谓“评价”，是指评价者通过详细、仔细的研究，依据一定的评价想法、评价内容与评价标准、评价方式方法技术手段等，对需要评价的材料做出过程性或结果性的价值判断的过程，也包括对教育的实施加以引导的过程。

基于积极心理学原理的初中生“三自”教育实践研究之评价体系，由上位的评价依据（“五个层面”）、中位的评价标准（2类8项）和下位的评价方法（6种）构成。

（一）评价依据

本课题的评价依据，主要有五个层面。即：国家层面，《国家中长期教育改革和发展规划纲要（2010—2020年）》、教育部《关于全面深化课程改革落实立德树人根本任务的意见》《教育部中国学生发展核心素养》精神、《教育部关于推进中小学教育质量综合评价改革的意见》（教基二〔2013〕2号）等；新课改精神层面，课改方案和学科课程标准；上海市教委层面，《上海市教育综合改革方案（2014—2020年）》、相关中学生素养发展方面的文件的规定精神、上海市中小学生学业发展绿色指标、本土研究成果（浦东教发院曹明老师指导和直接参与研究执笔的相关研究成果）和学校层面之相关依据（办学理念、学生发展目标和本课题的精神与实践目标等）。

（二）评价标准

所谓“评价标准”，是教育类课题评价研究中，属于“中位”的“制尺子”的研究内容，是基于评价依据和落实区级课题之相关精神，厘定评价内容，合理制定与之匹配的评价要求、计分要求和评价说明所整合构成的评价尺子，以引导参与研究教师、家长等进行相关“三自”教育的组织实施，引导学生主动发展相应“三自”素养，注意借助评价标准自主监控习惯“三自”素养的发展；也为课题组组织诊断性、阶段性、结果性等评价，提供依据，提高课题研究的科学性、实效性。总课题组开发了两类8项评价标准（见附录2）。

（三）评价方法

评价方法是评价体系中的下位研究内容，是依据上位和中位的研究内容，尤其是运用已制的相关评价标准，对被研究者、受教育者、研究者的相关教育实施途径的教育实效，去实施评价（简称为“用尺子”）。这是为了使评价更好地发挥诊断、引导的作用，并得出更加科学客观的结论。

本课题主要探索了以下6种总体评价方法：

1. 量表法

运用总课题组研制的8项评价标准、实施途径的一级子课题、参与研究教师的相关小课题所研制的评价标准（量表），引导师生进行“三自”教育和衡量“三自”教育的相关层级对象的原状诊断、过程性评价和结果性评价，以提高课题研究设计的针对性、实施的科学性和成效总结的实效性。

（1）引导教师实施“三自”教育。这又包括三个方面：一是作为教育内容的依据之一。即以评价指标为依据，结合总课题组所分解的“三自”教育内容，确定对学生培养教育的内容；二是作为教师结合自己承担的相关层级的课题，开发具体学科或主题教育活动评价标准的依据；三是引导教师直接进行评价（包括全面直接运用；或根据相关教育活动的实际，撷取相关标准或标准中的相关方面，进行局部运用）。

(2) 引导学生实施“三自”素养自我评价和改进。即学生对照评价标准作自评，发现优势与不足，自主进行改进。

(3) 引导家长学用标准开展评价和教育。即家长通过学习知标准，自主或根据学校的要求，配合对孩子进行教育；对照评价标准评孩子，促进孩子进行自主改进。

量表法的实施，较好地起到了引导教育、诊断和改进的作用；有助于教师和家长及时调整“三自”教育教学策略方式方法，改进教育教学行为，提高教育教学实效。

2. 问卷法

通过问卷调查、量表调查、访谈与观察等方法，对总课题、实施途径的一级子课题、参与研究教师的相关小课题所需的学生“三自”素养的相关情况、学科实践研究课的实施等情况，进行了相应的调查。这有利于更好地把握学生相关“三自”素养原状和实施情况，为提高教育的针对性、科学性与实效性提供了依据。

3. 观察法

根据课题研究的需要，观察者需要利用自己的眼睛、耳朵等感官和相机等设备，对“五途”实施中的相关基于积极心理学原理的相应教育教学活动对受教育对象的语言、行为、实效等进行现场观察，并判断课题研究的有效性与需要改进的方面，据此调整相关教育教学的措施，提高过程性评价的可操作性、有效性和过程性教育的引导性。如，根据研究的需要，学科教师和班主任或被推荐的学生代表等，在课堂内外观察学生/同学的言行，观察学生在“自律”“自学”“自信”的意识、能力、习惯方面的相关情况；记录下孩子校内学习、行为规范等方面的一言一行；以事实说明问题，让学生、家长、教师对相关学生在校的“三自”素养的真实情况有全面的了解，以提高学校教师之间、家校之间对学生/孩子教育的针对性，并引导学生自主加以改进。

运用观察法，较好地收集“三自”教育学科渗透研究课、主题教育研究课和其他实施途径中的相关第一手信息，为梳理概括相关实施途径之“三自”局域活动的实效提供了较为客观的依据；也帮助了教育者和受教育者注意改进教与学的行为，更好地提升教育实效。

4. 分享法

指以交流、展出和演示等形式，反映学生、班级、家长等在“三自”和“三自”素养的改进、教育举措和经验激励和引导学生自觉养成“三自”和“三自”素养，激励和引导相关班级的师生、家长更好地组织“三自”教育，分享教育经验。

(1) 分享的内容。如，学生、班级、家长等在“三自”和“三自”素养改进、教育的创意举措和经验等；学生在社团活动开展过程中陆续形成或练就的自主设计、制作的带有一定新意的实用物品或舞蹈、相声、朗诵节目等。

(2) 展演时机。如，开学初，分享相关学生—家长的“三自”素养发展和“三自”教育目标与实施计划；利用期中、期末考试后家长会或家长开放日，分享相关家长的“三自”教育目标与实施计划的落实举措和经验或主要交流学生阶段性的“三自”和“三自”素养发展情况和经验。学校还借定期举行的相关科技节高空落蛋、六一儿童节、元旦迎新等活动，及时展示学生自主或合作制作的种种作品和成果，演示制作过程和相关经验。展演的形式包括每周升旗仪式演讲、橱窗布展、学校红领巾广播台、电子屏幕滚播、班级园地宣介、家长会上表彰介绍、组织多层次专场宣传等。

分享法的实施，较好地分享了不同班级及其师长实施“三自”教育的举措与经验以及学生改进“三自”素养方面的问题、发扬创意举措、经验，激励和引导学生自觉养成“三自”素养，激励和引导了相关班级的师生、家长更好地组织“三自”教育，分享教育经验。

5. 评比法

学校以相关“三自”素养培养的教育活动的组织等项目的甄别性评比，来激励学生参与活动的兴趣，固化相关“三自”良好行为，促进学生自觉提升相关“三自”素养。

(1) 组织班级学生行为规范的常规检查落实评价。即对班级卫生、学生行为、学生仪表等各项常规工作进行检查、反馈，并最终评比得出班级文明示范班。

(2) 学校组织开展了不同年级的多类学生竞赛和主题教育活动评比。如，每周组织各班行为规范评比，全校各年级广播操评比，各班卫生评比等活动，每周一升旗仪式进行表彰并颁发流动红旗。

这些评比活动，学生们既是活动参与者，又是组织者、评比者，激发了他们参与活动的积极性，增强了他们的相关“三自”意识，锻炼了“三自”能力，促进了“三自”行为习惯的养成，相关素养也得到了一定的提升。

6. 综合评价法

这是指对于学生经过近三年的教育后，对“三自”素养的变化作不同周次、学期、学年、实施途径下采集的相关数据，按一定的比例加以分配取用，最终获得相应阶段的学生“三自”整体素养评价的办法；二是指对课题研究的成效，注意采集课题研究全过程、各实施途径、各参与研究者（如，教师、家长、学生、专家等）及上级督导评估意见、初中工程建设专项督导评估意见等，加以综合考量，得出课题研究整体效应评估结果的评价办法。

（1）评价主体多元，角色可互换。总课题研制的 8 个评价标准中，都设定了 4 个以上的评价主体。传统评价的角色，往往是由教师评学生，而我们的多元主体参评法，角色可以互换，即学生也可以、应该、必须评老师，家长也可以评老师（如学科教育研究课、德育主题教育活动等）。当然，教师也可以评自己的课或组织的主题教育活动。

（2）学生根据学校统一的标准自评、互评、家长参评，教师引导。一是教师解读评价标准，明确评价内容、评价要求与评价说明等；二是引导学生尝试进行自评和互评，在自评和互评中发现操作中的实践问题，引导加以自主解决。三是教师强调学生自评、互评做到客观公正。如，互相评价是在教学或活动过程中，以独立的学习小组为单位，依据评价标准，让四五个学生评一个被评学生，打分并指出其优点以及改进的建议。反过来，被评的学生根据同学和老师的评语，还得确定自己的改进设想。四是坚持进行常态化地自评、互评。如，每日评、每周评、每月评，以此促进学生逐步增强“三自”意识，改善“三自”行为，逐步树立起“我也能做到！”的信心，从而自觉发展“三自”素养。

评价体系的探索，取得了明显的实效。一是初步构建了实施“三自”教育促进学生全面发展的评价体系。即阐明了三方面的评价依据（教育部文件、上海教委相关文件和学校方面的依据）；研制了衡量学生“三自素养”发展、学科渗透教育研究课、主题教育活动课共8个评价标准；探索了6种主要评价方法（量表法、问卷法、观察法、分享法、评比法、综合评价法），从而初步建立了较为完整的总课题之评价体系，基本达成了本课题的研究目标。二是引导了教师的发展。即激励与引导了教师提高实施“三自”教育促进学生发展的学科教学评价素养；引导了教师改进教育教学评价。三是引导了学生的发展。主要是引导了孩子自身“三自”素养的发展；引导了如何进行自主评价和互相评价。四是突破了区级课题研究的难点，提高了研究的科学性，丰富了学校课题研究的成果。

第三节　“三自”教育的成效与思考

一、学生素养不断提升

（一）学生“三自”素养有一定的提升

为更加科学、详尽地了解学生“三自”素养现状，提高课题研究和实施教育的针对性和实效性，2021 年 11 月 11 日，学校组织了初三(2)班、(3)班两个班级 75 名学生，采用问卷星方式，发放问卷 75 份进行了后测问卷调查(其中初三(2)班 31 份，初三(3)班 44 份；回收数，初三(2)班 31 份，初三(3)班 44 份)，回收率 100%。内容涵盖了学生“三自”意识、能力、行为三大方面共计 50 个指标、完成了调查报告，学生“三自”意识素养较前测有了较大提高。数据对比表明，凌桥中学学生自律意识、能力、行为习惯之“三素养”，有了大幅提升。认为自己自律素养好的学生，由前测时平均值的 41.28%提升到后测的 62.44%，增长了 21.16%。

学生认为自信意识、能力、行为习惯好的比例从前测时的平均 38.80%，增长到后测时的 58.00%，平均提高了 19.20%。其中，学生学习用品整理、学习兴趣、交往的价值和具有学习的交往自信意识从原来的 29.63%增长到 50.67%；善于倾听的交往能力提高了 18.74%，61.33%的学生认为自己有好的善于倾听自信能力，与交往价值自信意识相呼应的是，学生与不同对象交往的能力增长了 19.70%；学生与同学交往时外形塑造的自信行为习惯养成提高比例最多，增长了 30.56%，94.67% 的同学有习惯和同学交往时，通过外形塑造，给同学留个好印象的习惯，这些和自信意识、自信能力相辅相成。

学生除了因为兴趣相投和固定的同伴交往外，逐渐形成了在学习、集体活动等过程中与他人合作的自信意识，并建立友谊，也能逐步形成正确的朋友观，同时，学习用品丢三落四的同学越来越少。这些，得益于老师在课堂里对学生学习兴趣多方法的引导，教师备课、上课、作业批改、作业讲评等基本环节到位有效。学校结合青春期教育，帮助学生形成自信、自爱的正确交往意识、能力和行为习惯。值得欣喜的是，通过德育课劳动教育，学生在家参与家务的自信行为习惯也有了很大提升，90.67％的学生有较好的参与家务劳动行为习惯。

1. “三自”意识

学生通过自主讨论、制定、完善各项规章制度，并在参与教育教学活动过程中遵守规章制度，自我监督、互相监督，拥有自律意识。对于老师在活动中提出的问题及任务，有意识地通过质疑、讨论思考，按要求完成。以预备(5)班学生的语文学习为例：通过调查，该班学生一是100％的学生能认识到预习也是学习任务的一个组成部分；二是91.11％的学生小组讨论时有发言的欲望；三是100％的学生根据课堂提出的问题，有独立思考的意识；四是100％的学生在课堂学习时倾听师生发言的意识；五是100％的学生认识到课文小结对知识理解的重要性；六是100％的学生能认识到只有独立作业才能有效检测自身学习成果。在自信意识方面，91.11％的学生相信自己能够利用所学方法解决所给问题，敢于在课堂中发表自己的看法。

从上述调查数据和教师观察，学生对自律、自学、自信的价值意识、学习和运用意识正在被唤醒，学生在参与的过程中，结交新朋友、挖掘新本领、掌握新技能，学生在一次次活动中，体验快乐、收获成功，逐步积累自信意识，初步树立起更好地在教育教学活动和社会生活实践中健康快乐成长的目标追求。

2.“三自”能力

学生在“三自”教育过程中，自觉参与、有序合作、自主管理；学会发现问题、解决问题、总结反思；勇于在活动过程中与伙伴愉悦沟通，并在学有所获后进行自我展示。

以预备(5)班学生的语文学习为例。通过调查，该班学生在自学能力方面，91.11%的学生能根据问题，在课文中快速有效地找出知识点，95.56%的学生能从课文中“独合结合”获取、分析、处理课文内容、选材与写作手法和主旨等有效信息；在自信能力方面，100%的学生能“独合结合”完成课前、课堂和课后学习任务，91.11%的学生会快速浏览课文，梳理课文内容，找到重点段落，圈画重点及关键词句，84.44%的学生能“独合结合”梳理出写作手法和课文主旨，91.11%的学生善于在课堂中发表自己的看法。

由此可见，学生的学习兴趣增强了，学习能力明显提高了。随着教育的深入，学生们不断调整自己的学习和生活的方式，改善与适应社会生活能力逐步增强，从而提升了自身相关“三自”能力。

3.“三自”良好行为习惯

学生能自觉地发现身边具有积极向上、乐观、有良好学习、生活行为习惯的人，并且能选择学习榜样，效仿良好的学习榜样，有意识地用良好积极向上的行为习惯来鞭策自己，增强了自我教育的意识，逐步养成良好行为习惯。

以预备(5)班学生的语文学习为例。通过调查，该班在自律良好行为习惯方面在家100%的学生能在课前独立及时、全面、认真完成预习任务和课后作业，二是100%的学生注意加强检查，提高准确率；在校100%的学生自觉参加早读（课文），91.11%的学生课上积极参与学课过程，注意独立思考，主动回答问题，88.89%的学生督促自己集中注意力。自学良好行为习惯方面，100%的学生能及时认真全面完成全部课前预习任务，91.11%的学生积极参与课堂讨论和问题的解答，主动参与对知识进行归纳、整理，100%的学生及时认真全面完成课后作业，注意检查准确性和自主纠错，100%的学生能及时认真全面完成全部课前预习任务，91.11%的学生积极参与课堂讨论和问题的解答，主动参与对知识进行归纳、整理，100%的学生及时认真全面完成课后作业，注意检查准确性和自主纠错。

（二）整体素养方面

在“三自”教育过程中，大部分学生能逐步树立起正确的学习目标，学习兴趣不断增强，丰富学习知识，发展学习能力，从而增强了学习的自信，提高了学习整体质量。德性为人方面，学生平时自觉遵守行为规范、增长安全防范意识和能力，积极参加学校、社会的志愿者行动，能与同学诚信友好交往，养成良好文明行为素养。

以预备(5)班学生的语文学习为例。通过对学生的调查发现，该班学生的语文本体知识和自律、自学、自信方面均得到有效提升，效果明显。在语文的“三程”学习中，均能根据“三自”素养要求完成相关学习任务。

通过近三年的研究实践，家长们反映，孩子日常在家的起居，尤其是疫情期间，学习自觉了，能自觉整理学习用品，还能主动承担一些家务活，劳动本领增强了。同学能坚持锻炼身体，逐步学会自我调整学习压力，提高了抗挫能力，促进了学生的身心健康。早晨上学迟到的学生几乎没了；自修没有老师在场也能安静自觉进行学习；同学们的衣着打扮得体了，沾满污渍油渍的校服变整洁了，男生遮眼的长头发理短了，因好几天不洗澡而满身的酸臭味也闻不到了……老师们看在眼里，内心无限感慨，这哪是他们刚接手时所认识的那群“野孩子”啊。

学校学生在社团等活动中提高了自身的素养和能力。2019—2021 年，学生荣获区市级奖项 47 项，教师获区市级奖 26 项。在《上海市凌桥中学“强校工程”第二次增值评估督导意见》中，专家组认为“作为浦东新区戏曲文化（沪剧）教育传承学校，注意结合高桥乡土文化元素开发课程并组织社团活动，在数量丰富性、领域覆盖度上均有发展，助力学生综合素养培育”。由此，学生的整体素养得到了进一步的培养与提升。

(三) 提高了整体学习质量

在教学实践过程中，老师通过使用积极的、平等的词汇，为学生创造一个健康的心理环境，通过言谈举止影响学生。学生在听到积极的语言或者看到积极的行为，会在内心形成积极的心理暗示，从而形成积极的学习动力，从而积极地融入课堂教学活动，增强了学习兴趣，提高了学习能力，从而达到良好的课堂教学效果。学生的学习由被动变为主动，体验到学习的乐趣，建立了良好的师生关系，真正使以人为本的教学理念得以贯彻。

在学校强校工程二次增值评估现场督导专家给行政的反馈中，家长对学校的满意度良好。

二、教师素养不断提升

（一）提升了对学生培养的相关素养

1. 教师对学生教育的设计能力

在研究课设计中，教师能够普遍注意做好学情、课标、教材分析，有的还有其他依据的分析；明确了积极心理学的相关原理及其拟用和基于积极心理学原理的“三自”素养培养内容，落实的实施途径、实施策略、实施形式、实施方法和过程性评价等措施，明晰研究思路和教育目标，细化了过程设计和课题研究指向定位。设计与落实的过程，既有效地激发了全体学生的积极情绪体验，又有效达成了教育教学目标，还有机地提升了学生相应的“三自”素养，并增进了学生的感悟和自主反思——这使教师对学科渗透教育和主题活动教育中运用相关举措的设计和有机落实“三自”素养的能力，得到了有效的提升。

2. 教师的实践反思素养

老师们在课题研究初期，第一次看到曹明老师给大家提供的进才中学北校孙微老师撰写的 16 871 个字的课例“实施‘五策’提高数学单元复习和自我监控能力培养实效——以《图形的运动》复习课之区级课题研究课两次实践与分析为例”这个课例时，毫不夸张，整个会场一片惊呼声，这怎么能做到呢？然而三年中，我们的老师，如赵殷伊、黄佩青、蔡张怡、瞿雪盈等老师的课例都超过了 1 万字，瞿雪盈老师的课例更是超过了 1.7 万字，用赵殷伊老师的话说，“我自己也佩服我自己！”撰写与反思素养的不断提升，极大激发了老师们的自信心。

3. 教师多元素养的有效增强

全校教师上下一致，齐心协力、真抓实干，做好学生基于积极心理学原理的“三自”素养的培养。在这过程中，教师的课题学科研究课和主题班会教育研究课教案设计、上课、评课和研究课课例撰写等水平和能力有了明显提升。

以赵殷伊老师《青春舞曲》教学实践为例。

一是多元体验举措设计与落实方面。本课的课堂与课后“二程”学习中，学生围绕课堂《青春舞曲》与课后《摘葡萄》的“独合结合”学习，进行了演唱、演奏、律动、迁移运用律动、分享、评价和撰写与交流青春感悟等多元化的实践体验式学习，既激发了全体学生的积极情绪体验，又有效达成了本课的音乐教育目标，还有机地提升了学生相应的“二自”素养，并增进了学生的青春感悟和自主反思——这使教师对音乐教育中运用多元体验举措的设计和落实素养得到了有效的提升。

二是信息技术能力方面。本课的四大教学环节，先后围绕《青春舞曲》和《摘葡萄》新疆音乐舞蹈，广泛地运用多媒体的旅游、识谱、歌词、铃鼓器乐、新疆音乐切分节奏、经典伴音动作、王洛宾艺术人生、老师对学生的青春寄语和学生自己所写对青春的感悟以及课外对《摘葡萄》的网上信息欣赏、律动创编等资源，从而使音乐教学更加生动活泼，容量增加，知识拓展，"二自"素养得到更好的有机训练。这使教师运用信息技术能力得到了新的提升，对其在音乐教育中的价值有了新的认识。

三是塑造艺术氛围能力方面。在本课中，教师基于积极心理学的积极情绪体验和积极环境原理，通过频繁的随机激励，努力给学生营造轻松，活泼、充满艺术和时代气息的艺术氛围，使学生敢赏，敢唱，敢律动，敢创编，敢写和敢交流青春感悟，敢运用新的新疆音乐舞蹈的律动创编于表现表达中，学生普遍乐于表演，增进了学习的成功感和自信，培养了学生对音乐的热爱，享受音乐带来的乐趣。这表明教师基于积极心理学原理塑造音乐艺术氛围的能力有了一定的提升。

(二) 提升了相关教育活动组织素养

1. 教师的教育理念不断更新

不少教师摒弃了说教式教育，逐步代之以启发式、体验式教育。教师的组织管理能力普遍得到增强。如班级公约、班规制定，班干部的培养，班级日常的管理，班级硬软环境的营造，与学生、与家长的有效沟通能力等，有了不同程度的提高。教师合作互助的研究氛围初步形成。教师们在选择教育教学研究主题、进行设计、首次或再次或更多次实践、改课、写课、进行总结等过程中，能够及时加强教研组、年级组和同伴之间的及时沟通，交流想法，解决疑问，资源共享，经验分享，优势互补。

2. 教师的教育科研素养有效提升

经历了规范的课题研究过程。在资深教科研专家的指导下，教师们逐步经历了完整的课题研究过程，在教育教学中碰到问题时，开始注意学习运用各种研究方法进行教育教学的研究，解决相关问题。教师撰写课题研究课教学设计、课例或专题研究总结的能力都得到了一定程度的提高。课题研究实践的过程，使教师们逐步明确了对课题研究意义的认识，意识到参与教育科研课题研究对提高教师专业素养有重要的作用。

3. 教师的科研能力得到提高

参与课题研究的教师，边实践边思考，通过开设学科研究课、主题班会研究课和“一体式”课例的撰写，提升了科研水平和能力。而科研能力的提高，又促进了常态化学科教学的设计、教学评价的改进等，有效促进了教师的专业化发展。

三、学校发展质量提升

（一）转变了学校教育教学理念

新中考改革新政落地，学校注意扭转“重教书、轻育人”的现象，注重“以学生发展为本”的教育理念。同时逐步改变了评价以看成绩为主忽视品行、忽略心理健康的情况，积极倡导备课需结合基于积极心理学紧扣“三自”素养的培养内容，要求加强培育学生的综合素养，并要求各部门通力合作，协同推进“三自”教育，促进学生全面健康发展。

（二）促进了学校强校工程建设

2018年11月15日，浦东新区召开初中“强校工程”推进会，学校被确定为浦东新区初中“强校工程”实验校。在三年强校规划的引领下，学校秉承“勤学苦练勤劳俭朴”的校训，按照“抓住机遇、积极准备、力求主动、促进发展”的强校工作思路，朝着办成凌桥社区老百姓家门口的好初中的目标不断前行。2021年10月20日，学校迎来了浦东新区“强校工程”专家组的现场督导评估。专家们对学校三年来开展的工作给予了充分的肯定，认为学校立足“三自”，在聚焦教育教学状态改善、办学特色增强、整体办学质量提高、家长对学校满意度提升等四方面增值效果日益显著，学校“强校”规划预期目标已较好达成。

（三）加强了家校合作效能

1. 参与学校制度建设

随着教育教学改革的不断推进，尤其是新中考政策的实施，学校需要制定相应的制度措施，同时原有度也需要做适当调整、修改和完善，为此学校多次召开家委会，家长代表的建议也会及时融入学校相关的制度之中，使新的制度措施更加具有针对性和科学性。

2. 服务学校管理

家长志愿者与学校全体行政、教师志愿者、社区民警和社区志愿者、物业、后勤等人员齐上阵，确保每天学生平安有序上下学。

3. 支持日常教育教学过程

学校通过家长会、家委会等形式，向家长解读“三自”教育课题，对初中生的基于积极心理学原理的“三自”素养的培养内容，从意识、能力和行为“三维度”的三级要素分解合计的148 项，做重点介绍，使家长明确学校开展课题研究的意义，能主动配合教育孩子。又如教育部“五项管理”出台后，学校及时通过微信公众号，将学校关于“五项管理”的具体措施向家长“发出倡议”，家长们根据学校倡议，理解、支持并积极配合学校落实相关工作。

4. 助力学校重大工程建设

在学校“强校工程”建设过程中，从 2018 年的“初态评估”至 2021 年 10 月第三次督导增值评估，每一次的现场督导评估现场都能看到家长们认真倾听、积极谏言献策的身影。2021 年 11 月 18 日上午，校级家委会成员、家长代表还参与了学校“整新工程”篮球场铺装材料现场取样会议。这样，通过定期进行的家长学校、家访等日常沟通，家长们配合学校在家庭中、社区中参与相关活动，注意营造家庭教育的良好氛围，改进教育方式方法，与学校形成合力，达成教育默契，在教育的过程中，提升家长的教育能力。

结 语

回顾三十余年的教学经历，作为一名学校管理者，从合作纪律的本土化实践与应用，到依托政策机遇建设“温馨教室”，而后转向融入核心价值观教育的学校文化教育。在浦东这片热土上，我一路探索，一路收获。在每一所学校的建设和发展中，我始终保持“抓住机遇，积极准备，凝心聚力，促进发展”的态度。国家积极推进义务教育均衡发展，也是在不断推动每一所学校都能够高质量的办学，这需要作为学校管理者的我们以问题为导向，以现实境况为基础，立足国家对教育的支持，报以积极的心态，不断将每一所学校推进向前。而在一路行走一路反思的进程中，我不断思考，不断学习，积累了些许经验与体会。

原浦东教育发展研究院院长顾志跃曾经说过这样一段话：“办学校最根本的是要有一点精神，没有精神，再好的学校，再好的办学条件，也会因为校长、老师们的碌碌为无而平庸。有了精神，就好比加了油，增加了动力，把学校每位教师的积极性都调动起来，把每项工作都尽心尽力做好，学校就会不断地进步和发展。在学校的进步和发展中得益的不仅仅是学生，也包括教师自己。”始终保持积极的心态和眼光是推进学校发展的动力所在。21 世纪初诞生于美国的积极心理学便是倡导人类应该用一种积极的心态来对心理现象和心理问题做出新的解读，以此激发每个人自身所固有的某些实际的或潜在的积极力量和品质，从而使每个人都能顺利地走向属于自己的幸福彼岸。[①] 直面农村学校发展的问题和挑战，积极分析问题并寻找解决方案是教育管理者的必由之路，薄弱学校改进也自有其发展规律。

结合多所学校的工作经历，我从美国华尔街著名投资人、桥水公司创始人的瑞·达利欧(Ray Dalio)《原则》一书中得到启发。他在阐述自己实现梦想的五大步骤中提到：第一，设立目标；第二，发现问题，不容忍问题；第三，诊断问题，探究根源；第四，制定计划，清晰地列出解决问题所需执行的任务；第五，按既定计划行事。五个步骤因其可操作性给我在学校发展的应用中提供了直接的启示。结合学校发展外部因素的推动，我也从学校诊断、目标设立、行动改进、计划监控和实践反思等五个方面总结出一份农村学校改进的方法论，并通过在顾路中学、凌桥中学等学校的办学过程中应用实践，取得了一

---

① ［美］克里斯托弗·彼得森著，徐江译. 积极心理学. 群言出版社，2010.

定的效果。

一、积极诊断,发现学校生长点

要推动学校发展,就需要从学生成长出发,积极诊断,确定学校发展的基础。借助学校内外诊断机会,对学校发展现状实施全面摸底,了解学校发展的内生条件和外部因素,找出学校发展的生长点。

在顾路中学的合作管理推进之前,依据教师和学生的实际反馈,我感受到的是学校班级管理的薄弱和学校校园文化建设的不足;而当2018年在浦东新区的"初中强校工程"初态评估督导中,为凌桥中学提出诊断意见,指出了学校存在六个方面的不足:一是管理效能有不足,规章制度待完善;二是教师发展少动力,教育科研缺力度;三是个体差异太显著,学生发展不均衡;四是教学质量不稳定,教学管理欠精细;五是课程建设需加强,办学特色不明显;六是家庭教育少指导,家校互动走形式。

结合各种问题基础,我在两所学校步摸索出通过教师座谈会、家长座谈会、学生座谈会、"金点子"征集活动等问题调查途径,积极进行内部诊断,回应不足后,找到生长点。分别从学校管理、队伍建设、学生发展、家校互动、课程建设、教学质量六个方面找出学校发展的生长点,为后续对学校和师生积极发展的目标进行精准定位奠定了良好基础。

二、共议共研，确立发展目标

目标设定指向积极发展，每所学校在不同时期都有自己的发展需求。“目标设置理论”[①]认为，三个因素影响目标的达成：第一，目标的难度，应把目标控制在既有较大难度，又不超出人的承受能力这一水平上；第二，目标的明确性，能够观察和测量的具体目标，可以使人明确奋斗方向，并明确自己的差距，这样才能有较好的激励作用；第三，目标的可接受性。通过对学校问题的诊断并结合当下学校发展的政策背景，明确了学校发展的生长点，也就逐步明晰了具有可操作性的学校发展目标。

在顾路中学的温馨教室的学校改革中，我们紧贴上海市的政策机遇，锚定学校发展的校园文化建设，最终确立了学校的发展方向，在同一时期，结合学校的校情、学情，有效设计了“温馨教室”的建设目标。在凌桥中学，我们根据学情分析和校情分析，提出了融入价值教育指向的四个层面积极发展的目标，以“好学校、好教师、好学生、好家长”为价值追求。同时，对每一个“好”做出具体的诠释。“好学校”要做到全面育人、打好基础、发展个性、培养特长、服务社会。“好老师”要做到有良好师德、有精湛业务、有务实作风、有团队精神、有积极追求、有扎实教育成果。“好学生”要做到有梦想、有责任、有

① 王德清. 现代管理学原理：西南师范大学出版社，2007：201－205.

扎实学业、有良好身心、有正向个性特长、有合作创新精神。“好家长”要做到有责任、有本领、有宽容心、有家校合作教育主动性、有家庭民主教育作风、有家庭养成教育坚持性。

“四好”的目标设置,在目标的难度、明确性和可接受性方面,都比较符合学校积极发展的实际需要,因而起到了正向激励与明确引导的作用。

三、积极改进,保证行动实效

我所工作的多所学校都是薄弱学校,学校均面临资源匮乏、生源薄弱等发展障碍,但我坚信做好学校发展战略规划,找准学校发展方向,积极改进,帮助学生发展是办学乃至发展教育的重要准则,办好家门口的好学校,以积极的心态办教育,聚焦学校的生长点,积极探索多方路径,着手学校改进实践。学校的改进行动必须以学校的发展目标为导向,基于学情和校情实际,不断对行动方式进行梳理细化。以确保行动的实效性。

在凌桥中学,针对学校诊断中六个方面的57项问题,我们有的放矢,采取了积极的行动措施:一是学校管理积极行动8项;二是队伍建设之干部队伍建设9项、三类教师分层动力建设3项、提高科研力度和针对性建设3项,合计15项;三是学生积极发展之促进均衡与合适的发展7项、稳定与提高学业整体水平9项,合计16项;四是改进家校互动之提高学校组织的家庭教育指导频次、努力拓展家庭教育有效方法5项、提高家校互动的针对性和家校教育合力4项；五是提高三类课程设置比例的合理性和课程实施质量5项、促进办学特色建设6项，合计11项；六是加强教学精细化管理、努力改变中考成绩波动3项。

在行动措施的设计中，我们一直注意提升针对性、引导性、精细性、积极性和科学性。行动措施整体围绕学校管理、队伍建设、学生发展、家校互动、课程建设、教学质量六个方面，将问题细化分层，结合行动反思，不断深入推进，改进行动的效果。

四、认真监控，强化过程性评价

加强对教育问题诊断后的改进目标计划监控、执行过程监控和发展结果监控对于学校改进行动是重要环节。对于薄弱学校、农村学校而言，过程性的增值评价要重于结果性的终结评价。对照诊断问题和改进目标，对行动进行多方监控，有助于不断更新行动策略，对诊断问题形成有效把握。积极监控能够帮助学校不断明晰行动方向，并以学生和教师的发展来修正改进行动的措施，确保学校改进的真实效能。

在凌桥中学实施积极改进行动的两年多中，我们对照诊断出的六个方面问题、改进目标，对改进行动积极进行过程性和结果性相结合的监控。根据浦东新区组织市、区专家进行的“初中强校工程建设”实验校两次增值评估督导的评价，对于学校六个方面生长点的评价结果均趋向良好，在学校管理方面，制度建设和增值指标均优于同类学校；队伍建设上，干部建设、职称比例和课题研究等多个方面显著提升；学生发展方面，能够做到学情分析和学科教学有特色，教育教学效能提升；家校互动上，活动组织实效性强，互动途径丰富多元；课程建设也扎实丰富；教学质量提升较多。在区级初中强校工程建设实验校的七大方面的 20 项 B 级指标和“四个明显”显性衡量指标方面，凌桥中学均有明显的增值进步。

五、多元反思，总结强校经验

遵循“继承借鉴、改革创新、坚持实验、追求先进、勇于探索”的办学方针，在历次学校改进过程中，我们不断反思行动的措施与结果，把握农村学校发展规律，思考总结强校经验。如，在凌桥中学的“强校工程”推进过程中，在基于六个方面生长点的改进行动中，学校通过过程性和结果性评价，推进行动主体的反思。

在学校管理方面，我们未来将更加讲究明职奉献，积极主动实施常态管理，力求有所创新。在队伍建设方面，加强价值引领，以专业态度、研究心态规划教育教学和课题研究，借助目标、任务、实践、总结、反思和改进的持续行动过程，激发积极发展、分类发展的动力。学生发展上，需继续以“六有”目标为引导，队伍与课程建设、教改探索、课题研究、家校构建合力多方面结合，促进学生均衡发展、学业质量稳定提升、正向个性特长有所发展。家校互动方面，需切实加强对家长的家庭教育指导，继续积极探索形成教育合力的举措，提高家庭教育实效，促进家长积极发展。课程教学方面，需继续合理建设三类课程，促进学校整体特色建设。继续提升学校硬件配置和社会满意度方面，争取上级主管部门支持，全面提高学校改进教育、教学、管理、家校和社区互动所需建筑、设备设施和其他资源建设与配备；要以强内力为基础，对教师的成就和学生的发展增量做定期提炼，并有展现平台机制，放大宣传效应；继续促进强校工程建设，努力争取成为家门口的“好学校”，逐步吸引社区对口学生明显回流，扩大学校对外正向影响。

在既有的教育行动中，我们对于农村学校的改进已经积累了一些实践经验。未来也将基于一系列的改进方法，在实践中不断优化总结、反思，以此把握农村初中学校发展的规律，结合学生发展特点，探索出有特色的强校之路。简单来说，积极地发现问题并明晰问题，积极地把握现实抓住机遇，积极地实践并及时反思，作为一名本土成长起来的学校校长，我想办教育并无捷径可言，只有脚踏实地，积极地帮助每一个学生的发展。我始终坚信：“一花独放不是春，万紫千红春满园。”我相信在有志于农村教育的教育者的努力之下，农村学校将绽放出属于自己的光彩。

基于积极心理学原理的初中生“自律”素养培养的内容

表1　基于积极心理学原理的初中生自律素养培养内容

Ⅰ级要素	Ⅱ 级 要 素	Ⅲ 级 要 素
自律意识	在家自律意识	起居自律意识
		用餐自律意识
		学习自律意识
	在校自律意识	日常行为习惯自律意识
		学习自律意识
		同学交往自律意识
		校内集体活动自律意识
	在社会实践中的自律意识	完成任务自律意识
		守时习惯自律意识
		安全自律意识
		交往自律意识

续 表

Ⅰ级要素	Ⅱ 级 要 素	Ⅲ 级 要 素
自律能力	在家自律能力	起居自律能力
		用餐自律能力
		学习自律能力
	在校自律能力	日常行为习惯自律能力
		学习自律能力
		同学交往自律能力
		校内集体活动自律能力
	社会实践自律能力	完成任务自律能力
		守时自律能力
		安全自律能力
		交往自律能力
自律行为习惯	在家自律行为习惯	起居行为习惯
		用餐自律行为习惯
		学习自律行为习惯
	在校自律行为习惯	日常行规自律行为习惯
		学习自律行为习惯
		同学交往自律行为习惯
		校内集体活动自律行为习惯

续 表

Ⅰ级要素	Ⅱ 级 要 素	Ⅲ 级 要 素
自律行为习惯	社会实践自律行为习惯	完成任务自律行为习惯
		守时自律行为习惯
		安全自律行为习惯
		交往自律行为习惯

基于积极心理学原理的初中生“三自”素养发展评价标准

表 2　基于积极心理学原理的初中生自律素养培养发展评价标准

Ⅰ级要素(分)	Ⅱ级要素(分)	Ⅲ级要素	评价要求(分)	分值小计	
自律意识(34)	在家自律意识(10)	起居自律意识	很有(4);基本有(2);较少(1);没有(0)		
		用餐自律意识	很有(3);基本有(2);较少(1);没有(0)		
		学习自律意识	很有(3);基本有(2);较少(1);没有(0)		
	在校自律意识(12)	日常行为习惯自律意识	很有(3);基本有(2);较少(1);没有(0)		
		学习自律意识	很有(3);基本有(2);较少(1);没有(0)		
		同学交往自律意识	很有(3);基本有(2);较少(1);没有(0)		
		校内集体活动自律意识	很有(3);基本有(2);较少(1);没有(0)		
	在社会实践中的自律意识(12)	完成任务自律意识	很有(3);基本有(2);较少(1);没有(0)		
		守时习惯自律意识	很有(3);基本有(2);较少(1);没有(0)		

续 表

Ⅰ级要素(分)	Ⅱ级要素(分)	Ⅲ级要素	评价要求(分)	分值小计	
自律意识(34)	在社会实践中的自律意识(12)	安全自律意识	很有(3);基本有(2);较少(1);没有(0)		
		交往自律意识	很有(3);基本有(2);较少(1);没有(0)		
自律能力(33)	在家自律能力(9)	起居自律能力	强(3);较强(2);一般(1);弱(0)		
		用餐自律能力	强(3);较强(2);一般(1);弱(0)		
		学习自律能力	强(3);较强(2);一般(1);弱(0)		
	在校自律能力(12)	日常行为习惯自律能力	强(3);较强(2);一般(1);弱(0)		
		学习自律能力	强(3);较强(2);一般(1);弱(0)		
		同学交往自律能力	强(3);较强(2);一般(1);弱(0)		
		校内集体活动自律能力	强(3);较强(2);一般(1);弱(0)		
	社会实践自律能力(12)	完成任务自律能力	强(3);较强(2);一般(1);弱(0)		
		守时自律能力	强(3);较强(2);一般(1);弱(0)		
		安全自律能力	强(3);较强(2);一般(1);弱(0)		
		交往自律能力	强(3);较强(2);一般(1);弱(0)		

续　表

Ⅰ级要素(分)	Ⅱ级要素(分)	Ⅲ级要素	评价要求(分)	分值小计	
自律行为习惯(33)	在家自律行为习惯(9)	起居行为习惯	能坚持(3);基本能坚持(2);一般(1);很少(0)		
		用餐自律行为习惯	能坚持(3);基本能坚持(2);一般(1);很少(0)		
		学习自律行为习惯	能坚持(3);基本能坚持(2);一般(1);很少(0)		
	在校自律行为习惯(12)	日常行规自律行为习惯	能坚持(3);基本能坚持(2);一般(1);很少(0)		
		学习自律行为习惯	能坚持(3);基本能坚持(2);一般(1);很少(0)		
		同学交往自律行为习惯	能坚持(3);基本能坚持(2);一般(1);很少(0)		
		校内集体活动自律行为习惯	能坚持(3);基本能坚持(2);一般(1);很少(0)		
	社会实践自律行为习惯(12)	完成任务自律行为习惯	能坚持(3);基本能坚持(2);一般(1);很少(0)		
		守时自律行为习惯	能坚持(3);基本能坚持(2);一般(1);很少(0)		

续　表

<table>
<tr><th rowspan="2">Ⅰ级要素(分)</th><th rowspan="2">Ⅱ级要素(分)</th><th rowspan="2">Ⅲ级要素</th><th rowspan="2">评价要求(分)</th><th colspan="2">分值小计</th></tr>
<tr><th></th><th></th></tr>
<tr><td rowspan="2">自律行为习惯(33)</td><td rowspan="2">社会实践自律行为习惯(12)</td><td>安全自律行为习惯</td><td>能坚持(3);基本能坚持(2);一般(1);很少(0)</td><td></td><td rowspan="2"></td></tr>
<tr><td>交往自律行为习惯</td><td>能坚持(3);基本能坚持(2);一般(1);很少(0)</td><td></td></tr>
<tr><td>特色加分(10)</td><td colspan="2">加分理由:</td><td>特色明显:(10—9)
特色较明显:(8—7)
特色一般:(6)
特色少或无:(5—0)</td><td colspan="2"></td></tr>
<tr><td>综合评定</td><td>总分:</td><td>等第:</td><td>评议人身份(填代号)</td><td colspan="2"></td></tr>
<tr><td>评价说明</td><td colspan="5">(1) 评价主体:① 被评学生自身;② 同学;③ 学生的班主任;④ 相关学科教师代表;⑤ 其他。(2) 比值:各评价主体的比值相同,满分绝对值为 110 分,但具体计算时,满分均不得超过 100 分。(3) 总分计算:由“三素养”,即课后自律意识、自律能力和自律行为习惯的相关三大部分组成,特色部分 10 分计入总分,最后总分由各评价主体总分数除以总人数得出,但分值累计不得超过 100 分。(4) 分数和等第间的转换:累积得分 100—90 分为优,89—75 分为良,74—60 分为中,60 分以下为需努力。</td></tr>
</table>

表 3　基于积极心理学原理的初中生课前自学素养发展标准

<table>
<tr><th rowspan="2">Ⅰ级要素(分)</th><th rowspan="2">Ⅱ级要素(分)</th><th rowspan="2">Ⅲ级要素</th><th rowspan="2">评价要求(分)</th><th colspan="2">分值小计</th></tr>
<tr><th></th><th></th></tr>
<tr><td rowspan="7">自学意识(28)</td><td rowspan="4">预习意识(16)</td><td>动机意识</td><td>很有(4)；基本有(2)；较少(1)；没有(0)</td><td></td><td rowspan="4"></td></tr>
<tr><td>任务意识</td><td>很有(4)；基本有(2)；较少(1)；没有(0)</td><td></td></tr>
<tr><td>质疑意识</td><td>很有(4)；基本有(2)；较少(1)；没有(0)</td><td></td></tr>
<tr><td>解疑意</td><td>很有(4)；基本有(2)；较少(1)；没有(0)</td><td></td></tr>
<tr><td rowspan="3">学习准备意识(12)</td><td>价值意识</td><td>很有(4)；基本有(2)；较少(1)；没有(0)</td><td></td><td rowspan="3"></td></tr>
<tr><td>常规准备意识</td><td>很有(4)；基本有(2)；较少(1)；没有(0)</td><td></td></tr>
<tr><td>特殊准备意识</td><td>很有(4)；基本有(2)；较少(1)；没有(0)</td><td></td></tr>
<tr><td rowspan="5">自学能力(52)</td><td rowspan="5">阅读能力(20)</td><td>认识阅读价值能力</td><td>强(4)；较强(2)；一般(1)；弱(0)</td><td></td><td rowspan="5"></td></tr>
<tr><td>认读文本能力</td><td>强(4)；较强(2)；一般(1)；弱(0)</td><td></td></tr>
<tr><td>筛选文本信息能力</td><td>强(4)；较强(2)；一般(1)；弱(0)</td><td></td></tr>
<tr><td>理解文本信息能力</td><td>强(4)；较强(2)；一般(1)；弱(0)</td><td></td></tr>
<tr><td>质疑文本信息能力</td><td>强(4)；较强(2)；一般(1)；弱(0)</td><td></td></tr>
</table>

续 表

Ⅰ级要素(分)	Ⅱ级要素(分)	Ⅲ级要素	评价要求(分)	分值小计	
自学能力(52)	检索与查询能力(20)	记、思相关信息能力	强(4);较强(2);一般(1);弱(0)		
		利用资源能力(工具书、图书馆资源、网络资源能力)	强(4);较强(2);一般(1);弱(0)		
		交流咨询能力	强(4);较强(2);一般(1);弱(0)		
		评鉴能力	强(4);较强(2);一般(1);弱(0)		
	批注能力(12)	批注“四点”(重点、难点、关键点、关注点)的能力	强(4);较强(2);一般(1);弱(0)		
		运用批注方法(文字、图片、符号、色彩等批注)的能力	强(4);较强(2);一般(1);弱(0)		
		进行个性化批注能力	强(4);较强(2);一般(1);弱(0)		

续 表

Ⅰ级要素(分)	Ⅱ级要素(分)	Ⅲ级要素	评价要求(分)	分值小计	
自学行为习惯(20)	预习行为习惯(12)	坚持进行自主预习行为习惯	能坚持(4);基本能坚持(3);一般(2);没有(1—0)		
		注重质疑行为习惯	能坚持(4);基本能坚持(3);一般(2);没有(1—0)		
		尝试解疑行为习惯	能坚持(4);基本能坚持(3);一般(2);没有(1—0)		
	自学行为习惯(8)	坚持进行自学行为习惯	能坚持(4);基本能坚持(3);一般(2);没有(1—0)		
		坚持运用所学本领进行自学行为习惯	能坚持(4);基本能坚持(3);一般(2);没有(1—0)		
特色加分(20)	加分理由：		特色明显：(20—18) 特色较明显：(17—16) 特色一般：(14—12) 特色少或无：(11—0)		
综合评定	总分：____	等第：____	评议人身份(填代号)		

续　表

<table>
<tr><th rowspan="2">Ⅰ级要素(分)</th><th rowspan="2">Ⅱ级要素(分)</th><th rowspan="2">Ⅲ级要素</th><th rowspan="2">评价要求(分)</th><th colspan="2">分值小计</th></tr>
<tr><th></th><th></th></tr>
<tr><td>评价说明</td><td colspan="5">(1) 评价主体：① 被评学生自身；② 同学；③ 学生的班主任；④ 相关学科教师代表；⑤ 其他。(2) 比值：各评价主体的比值相同，满分绝对值为 110 分，但具体计算时，满分均不得超过 100 分。(3) 总分计算：由“三素养”，即课前自学意识、自学能力和自学行为习惯的相关三大部分组成，特色部分 20 分计入总分，最后总分由各评价主体总分数除以总人数得出，但分值累计不得超过 100 分。(4) 分数和等第间的转换：累积得分 100—90 分为优，89—75 分为良，74—60 分为中，60 分以下为需努力。</td></tr>
</table>

表 4　基于积极心理学原理的初中生课中自学素养发展评价标准

Ⅰ级要素(分)	Ⅱ级要素(分)	Ⅲ级要素	评价要求(分)	分值小计	
自学意识(27)	参与意识(9)	参与答疑	很有(3);基本有(2);较少(1);没有(0)		
		参与讨论	很有(3);基本有(2);较少(1);没有(0)		
		参与练习	很有(3);基本有(2);较少(1);没有(0)		
	质疑意识(9)	钻研意识	很有(3);基本有(2);较少(1);没有(0)		
		敏锐意识	很有(3);基本有(2);较少(1);没有(0)		
		联系意识(由此及彼)	很有(3);基本有(2);较少(1);没有(0)		
	笔记意识(9)	主动记录意识	很有(3);基本有(2);较少(1);没有(0)		
		及时记录意识	很有(3);基本有(2);较少(1);没有(0)		
		反思批注意识	很有(3);基本有(2);较少(1);没有(0)		
自学能力(45)	集中注意能力(9)	集中性	强(3);较强(2);一般(1);弱(0)		
		持久性	强(3);较强(2);一般(1);弱(0)		
		思索性	强(3);较强(2);一般(1);弱(0)		

续 表

Ⅰ级要素(分)	Ⅱ级要素(分)	Ⅲ级要素	评价要求(分)	分值小计	
自学能力(45)	主动质疑能力(9)	主动提问能力	强(3);较强(2);一般(1);弱(0)		
		快速提问能力	强(3);较强(2);一般(1);弱(0)		
		高质量提问能力	强(3);较强(2);一般(1);弱(0)		
	有效理解能力(9)	快速理解能力	强(3);较强(2);一般(1);弱(0)		
		全面理解能力	强(3);较强(2);一般(1);弱(0)		
		深刻理解能力	强(3);较强(2);一般(1);弱(0)		
	多元内化能力(9)	直接应用能力	强(3);较强(2);一般(1);弱(0)		
		迁移应用能力	强(3);较强(2);一般(1);弱(0)		
		个性化应用能力	强(3);较强(2);一般(1);弱(0)		
	小结提升能力(9)	梳理资料能力	强(3);较强(2);一般(1);弱(0)		
		筛选信息能力	强(3);较强(2);一般(1);弱(0)		
		概括提炼能力	强(3);较强(2);一般(1);弱(0)		

续 表

Ⅰ级要素(分)	Ⅱ级要素(分)	Ⅲ级要素	评价要求(分)	分值小计	
自学行为习惯(28)	自主参与习惯(9)	主动参与质疑—答疑行为习惯	能坚持(3)；基本能坚持(2)；较少(1)；很少(0)		
		主动参与练习行为习惯	能坚持(3)；基本能坚持(2)；较少(1)；很少(0)		
		主动参与小结行为习惯	能坚持(3)；基本能坚持(2)；较少(1)；很少(0)		
	积极思考习惯(9)	主动提问行为习惯	能坚持(3)；基本能坚持(2)；较少(1)；很少(0)		
		主动参与讨论习惯	能坚持(3)；基本能坚持(2)；较少(1)；很少(0)		
		主动反思行为习惯	能坚持(3)；基本能坚持(2)；较少(1)；很少(0)		
	主动笔记习惯(6)	及时、准确、简洁记录行为习惯	能坚持(3)；基本能坚持(2)；较少(1)；很少(0)		
		良好的个性化记录行为习惯	能坚持(3)；基本能坚持(2)；较少(1)；很少(0)		
	注重质量习惯(4)	听、疑、议、析、记、练、概、悟的行为习惯	能坚持(3)；基本能坚持(2)；较少(1)；很少(0)		

续　表

Ⅰ级要素(分)	Ⅱ级要素(分)	Ⅲ级要素	评价要求(分)	分值小计	
特色加分(10)	加分理由：		特色明显：(10—9) 特色较明显：(8—7) 特色一般：(6) 特色少或无：(5—0)		
综合评定	总分：____	等第：____	评议人身份(填代号)		
评价说明	(1) 评价主体：① 被评学生自身；② 同学；③ 学生的班主任；④ 相关学科教师代表；⑤ 其他。(2) 比值：各评价主体的比值相同，满分绝对值为 110 分，但具体计算时，满分均不得超过 100 分。(3) 总分计算：由“三素养”，即课中自学意识、自学能力和自学行为习惯的相关三大部分组成，特色部分 10 分计入总分，最后总分由各评价主体总分数除以总人数得出，但分值累计不得超过 100 分。(4) 分数和等第间的转换：累积得分 100—90 分为优，89—75 分为良，74—60 分为中，60 分以下为需努力。				

表5 基于积极心理学原理的初中生课后自学素养发展评价标准

Ⅰ级要素(分)	Ⅱ级要素(分)	Ⅲ级要素	评价要求(分)	分值小计	
自学意识(36)	主动复习意识(8)	动机意识	很有(4);基本有(2);较少(1);没有(0)		
		先复习后作业意识	很有(4);基本有(2);较少(1);没有(0)		
	独立作业意识(8)	动机意识	很有(4);基本有(2);较少(1);没有(0)		
		主动完成意识	很有(4);基本有(2);较少(1);没有(0)		
	积极自学意识(20)	动机意识	很有(4);基本有(2);较少(1);没有(0)		
		主动预习意识	很有(4);基本有(2);较少(1);没有(0)		
		拓展学习意识	很有(4);基本有(2);较少(1);没有(0)		
		自主监控意识	很有(4);基本有(2);较少(1);没有(0)		
自学能力(32)	完成作业能力(12)	完成的速度	强(4);较强(3);一般(2);弱(1—0)		
		完成的准确率	强(4);较强(3);一般(2);弱(1—0)		
		在规定的时间内完成	强(4);较强(3);一般(2);弱(1—0)		

续 表

Ⅰ级要素(分)	Ⅱ级要素(分)	Ⅲ级要素	评价要求(分)	分值小计	
自学能力(32)	拓展学习能力(8)	学科类的拓展学习	强(4);较强(3);一般(2);弱(1—0)		
		兴趣爱好类拓展学习	强(4);较强(3);一般(2);弱(1—0)		
	总结反思能力(12)	课前学习	强(4);较强(3);一般(2);弱(1—0)		
		课堂学习	强(4);较强(3);一般(2);弱(1—0)		
		拓展学习	强(4);较强(3);一般(2);弱(1—0)		
自学行为习惯(32)	坚持自学习惯(20)	定时自学(时间)	能坚持(5);基本能坚持(4);一般(3);很少(2—0)		
		定点自学(空间)	能坚持(5);基本能坚持(4);一般(3);很少(2—0)		
		定量自学(任务)	能坚持(5);基本能坚持(4);一般(3);很少(2—0)		
		及时自主监控	能坚持(5);基本能坚持(4);一般(3);很少(2—0)		
	注重质量习惯(12)	注重完成率	能坚持(4);基本能坚持(3);一般(2);很少(1—0)		
		及时批注习惯	能坚持(4);基本能坚持(3);一般(2);很少(1—0)		
		注重内化提升	能坚持(4);基本能坚持(3);一般(2);很少(1—0)		

续 表

Ⅰ级要素(分)	Ⅱ级要素(分)	Ⅲ级要素	评价要求(分)	分值小计	
特色加分(10)	加分理由：		特色明显：(10—9) 特色较明显：(8—7) 特色一般：(6) 特色少或无：(5—0)		
综合评定	总分：____	等第：____	评议人身份(填代号)		
评价说明	(1) 评价主体：① 被评学生自身；② 同学；③ 学生的班主任；④ 相关学科教师代表；⑤ 其他。(2) 比值：各评价主体的比值相同，满分绝对值为 110 分，但具体计算时，满分均不得超过 100 分。(3) 总分计算：由“三素养”，即课后自学意识、自学能力和自学行为习惯的相关三大部分组成，特色部分 10 分计入总分，最后总分由各评价主体总分数除以总人数得出，但分值累计不得超过 100 分。(4) 分数和等第间的转换：累积得分 100—90 分为优，89—75 分为良，74—60 分为中，60 分以下为需努力。				

表6 基于积极心理学原理的初中生自信素养发展评价标准

Ⅰ级要素(分)	Ⅱ级要素(分)	Ⅲ级要素	评价要求(分)	分值小计	
自信意识(27)	生活自信意识(12)	个人生活自理意识	很有(3);基本有(2);较少有(1);很少有(0)		
		学习用品整理意识	很有(3);基本有(2);较少有(1);很少有(0)		
		参与家务意识	很有(3);基本有(2);较少有(1);很少有(0)		
		沟通意识	很有(3);基本有(2);较少有(1);很少有(0)		
	学习自信意识(9)	学习动机意识	很有(3);基本有(2);较少有(1);很少有(0)		
		学习兴趣意识	很有(3);基本有(2);较少有(1);很少有(0)		
		学习状态意识	很有(3);基本有(2);较少有(1);很少有(0)		
	交往自信意识(6)	交往的价值和具有学习的意识	很有(3);基本有(2);较少有(1);很少有(0)		
		交往实践行动意识	很有(3);基本有(2);较少(1);很少有(0)		

续 表

Ⅰ级要素(分)	Ⅱ级要素(分)	Ⅲ级要素	评价要求(分)	分值小计	
自信能力(34)	生活自信能力(12)	个人生活自理能力	强(3)；较强(2)；一般(1)；弱(0)		
		参与家务能力	强(3)；较强(2)；一般(1)；弱(0)		
		沟通能力	强(3)；较强(2)；一般(1)；弱(0)		
		学习用品整理能力	强(3)；较强(2)；一般(1)；弱(0)		
	学习自信能力(10)	正常使用工具书能力	强(2)；较强(1.5)；一般(1)；弱(0)		
		合理使用网络能力	强(2)；较强(1.5)；一般(1)；弱(0)		
		良好的阅读分析能力	强(2)；较强(1.5)；一般(1)；弱(0)		
		独立解决问题能力	强(2)；较强(1.5)；一般(1)；弱(0)		
		大胆质疑、勇于表达能力	强(2)；较强(1.5)；一般(1)；弱(0)		
	交往自信能力(12)	交往外形塑造能力	强(3)；较强(2)；一般(1)；弱(0)		
		有效提问能力	强(3)；较强(2)；一般(1)；弱(0)		
		善于倾听能力	强(3)；较强(2)；一般(1)；弱(0)		
		与不同对象交往能力	强(3)；较强(2)；一般(1)；弱(0)		

续 表

Ⅰ级要素(分)	Ⅱ级要素(分)	Ⅲ级要素	评价要求(分)	分值小计	
自信行为习惯(39)	生活自信行为习惯(12)	个人生活自理习惯	能坚持(3);基本能坚持(2);一般(1);很少(0)		
		参与家务习惯	能坚持(3);基本能坚持(2);一般(1);很少(0)		
		沟通行为习惯	能坚持(3);基本能坚持(2);一般(1);很少(0)		
		学习用品整理习惯	能坚持(3);基本能坚持(2);一般(1);很少(0)		
	学习自信行为习惯(15)	做好预习工作习惯	能坚持(3);基本能坚持(2);一般(1);很少(0)		
		上课记笔记习惯	能坚持(3);基本能坚持(2);一般(1);很少(0)		
		课堂听讲习惯	能坚持(3);基本能坚持(2);一般(1);很少(0)		
		作业完成习惯	能坚持(3);基本能坚持(2);一般(1);很少(0)		
		课外学习习惯	能坚持(3);基本能坚持(2);一般(1);很少(0)		

续　表

Ⅰ级要素(分)	Ⅱ级要素(分)	Ⅲ级要素	评价要求(分)	分值小计	
自信行为习惯(39)	交往自信行为习惯(12)	交往外形塑造行为习惯	能坚持(3)；基本能坚持(2)；一般(1)；很少(0)		
		有效提问行为习惯	能坚持(3)；基本能坚持(2)；一般(1)；很少(0)		
		善于倾听行为习惯	能坚持(3)；基本能坚持(2)；一般(1)；很少(0)		
		与不同对象交往行为习惯	能坚持(3)；基本能坚持(2)；一般(1)；很少(0)		
特色加分(10)	加分理由：		特色明显：(10—9) 特色较明显：(8—7) 特色一般：(6) 特色少或无：(5—0)		
综合评定	总分：____	等第：____	评议人身份(填代号)		
评价说明	(1) 评价主体：① 被评学生自身；② 同学；③ 学生的班主任；④ 相关学科教师代表；⑤ 其他。(2) 比值：各评价主体的比值相同，满分绝对值为 110 分，但具体计算时，满分均不得超过 100 分。(3) 总分计算：由“三素养”，即课后自信意识、自信能力和自信行为习惯的相关三大部分组成，特色部分 10 分计入总分，最后总分由各评价主体总分数除以总人数得出，但分值累计不得超过 100 分。(4) 分数和等第间的转换：累积得分 100—90 分为优，89—75 分为良，74—60 分为中，60 分以下为需努力。				

基于积极心理学原理的初中生“三自”教育研究课评价标准

表7 基于积极心理学原理的初中生“三自”学科教育研究课评价标准(试行稿)

<table>
<tr><td>执教者姓名</td><td></td><td>学校</td><td></td><td colspan="2">授课班级、地点</td><td colspan="2"></td></tr>
<tr><td>学科</td><td></td><td>时间</td><td></td><td colspan="2">节次</td><td colspan="2"></td></tr>
<tr><td>教材与课题
(含研究主题)</td><td colspan="7"></td></tr>
<tr><td colspan="4" rowspan="2">评价指标(分)</td><td>A</td><td>B</td><td>C</td><td>D</td></tr>
<tr><td>10—9</td><td>8</td><td>7—6</td><td>5—0</td></tr>
<tr><td rowspan="3">教育设计
(30)</td><td colspan="3">结合学生实际,进行有针对性的与研究主题相关的情况分析;教材分析客观,对编写意图理解准确;有联系研究主题与教育对象实际,发扬优势与不足的适宜措施。</td><td></td><td></td><td></td><td></td></tr>
<tr><td colspan="3">教学内容针对性强,符合学生基于积极心理学原理的“三自”(自律、自学、自信)之相关“三素养”(意识、能力和行为习惯)发展的需要。</td><td></td><td></td><td></td><td></td></tr>
<tr><td colspan="3">教学目标覆盖了“双本体”(学科和研究主题)的相关预期;定位准确;表述清楚、具体、适切。</td><td></td><td></td><td></td><td></td></tr>
</table>

续 表

评价指标(分)		A	B	C	D
		10—9	8	7—6	5—0
教学过程(30)	教育环节清晰，层次有坡度；相关教育措施有针对性，对基于积极心理学原理的学生“三自”之“三素养”发展有启发性。				
	教育策略方式方法手段技术多样、灵活，注意生成资源、发挥教育机智，能较好地开展基于积极心理学原理的相关“三自”教育，注重落实“双本体”(学科和研究主题)的相关预期目标。				
	激发受教育者兴趣，学生学得积极、主动、投入，勇于发表自己的看法。				
教学效果(40)	学科和研究主题之教育内容、独立和合作学习任务及措施要求落实全面到位，身心愉悦。				
	基于积极心理学原理的学生“三自”之“三素养”得到发展。				
	基于积极心理学原理的学生“三自”之“三素养”方面的可持续发展本领(技能)增长。				
	学生参与教育活动的过程积极、愿意或有实际的履行相关“三自”之“三素养”的相关行为，有这方面进一步学习或践行的愿望。				

续 表

<table>
<tr><td>特色
加分
(20)</td><td colspan="2">加分理由：</td><td colspan="2">特色明显：(10—9)
特色较明显：(8—7)
特色一般：(6)
特色少或无：(5—0)</td><td></td></tr>
<tr><td>总分</td><td></td><td>等第</td><td></td><td>评议人/身份</td><td></td></tr>
<tr><td>评价
说明</td><td colspan="5">1. 本表中的“积极心理学原理”，即积极心理学的积极的情绪体验、积极的人格特征(乐观)、积极的学习环境原理。“三自”，是指自律、自学、自信。“三素养”，即“三自”的各自意识、能力和行为习惯。2. 评价主体即表中的“评议人/身份”：为所有与课者(如A. 执教者、B. 参与观摩课的教师、C. 家长、D. 学生、E. 相关专家和F. 其他成员——只需填写字母代号。)3. 比值：各评价主体的比值相同，满分均为100分。4. 总分计算：由计分的各板块组成，特色部分计入总分，最后总分由各评价主体总分数除以总人数得出，但分值累计不得超过100分。5. 分数和等第间的转换：累积得分100—90分为优，89—75分为良，74—60分为合格，60—0分以下为需努力。</td></tr>
</table>

表 8　基于积极心理学原理的初中生“三自”主题教育课(活动)评价标准(试行稿)

<table>
<tr><td rowspan="2">活动名称(主题)(10 分)</td><td>评价要求</td><td colspan="5">全面符合主体清晰、意思准确、名称具体、表述简洁(10 分)；较符合(8 分)；一般(6 分)；缺陷或完全不符合(5—0 分)</td></tr>
<tr><td>评分(分)</td><td colspan="5"></td></tr>
<tr><td>活动时间</td><td colspan="6">活动是 1 次性完成的：　　年　月　日　午第　节—第　节
活动是长周期的，写起止年月段：　　年　月—　　年　月</td></tr>
<tr><td>活动负责人或指导老师</td><td colspan="2"></td><td colspan="2">参加对象(班级/人数—人)</td><td colspan="2">/</td></tr>
<tr><td>活动地点</td><td colspan="6"></td></tr>
<tr><td colspan="3">评价指标(分)</td><td>5 分</td><td>4 分</td><td>3 分</td><td>2—1 分</td></tr>
<tr><td rowspan="3">活动内容(15)</td><td colspan="2">结合基于积极心理学原理的“三自”教育，促进学生“三自”、“三素养”发展活动的主题。</td><td></td><td></td><td></td><td></td></tr>
<tr><td colspan="2">有针对性地集中而明确的表述。</td><td></td><td></td><td></td><td></td></tr>
<tr><td colspan="2">贴近“三自”(自律、自学、自信)“三素养”(意识、能力和行为习惯)发展的需要。</td><td></td><td></td><td></td><td></td></tr>
<tr><td rowspan="2">活动目标(15)</td><td colspan="2">知识与技能——有明确与贴切对基于积极心理学原理的学生“三自”和“三素养”发展的相关认知与技能目标。</td><td></td><td></td><td></td><td></td></tr>
<tr><td colspan="2">过程与方法——有合理的发展学生基于积极心理学原理的“三自”和“三素养”的清晰的过程安排，有助于学生相关可持续发展行为的形成。</td><td></td><td></td><td></td><td></td></tr>
</table>

续　表

评价指标(分)		5分	4分	3分	2—1分
活动目标(15)	情感、态度与价值观——有贴切的发展学生基于积极心理学原理的“三自”和“三素养”之情感、态度与价值观。				
活动过程(40)	教育理念正确,能从科学、合理、具体针对性地发展学生基于积极心理学原理的“三自”和“三素养”出发。				
	注意营造宽松、融洽的教育氛围,学生在活动中的主体地位明显。				
	教育策略方式方法丰富多样,有助于促进学生基于积极心理学原理的“三自”和“三素养”发展。				
	教育手段、媒体技术运用合理,符合主题活动开展和更好地发展学生基于积极心理学原理的“三自”和“三素养”的实际需要。				
	活动准备充分,能保证各个环节有条不紊地开展。				
	活动组织管理灵活,能根据学生现场的变化及时进行调整。				
	活动中,注重评价的及时性与多元化。师生、同学之间交流平等,学生参与活动积极。				
	活动总结全面、下一步的要求与建议、学生基于积极心理学原理的“三自”之“三素养”发展的要求、活动组织的改进方向及措施明确、具体。				

续　表

<table>
<tr><td colspan="5">评价指标(分)</td><td>5分</td><td>4分</td><td>3分</td><td>2—1分</td></tr>
<tr><td rowspan="4">活动效果(20)</td><td colspan="4">活动内容、任务落实全面。</td><td></td><td></td><td></td><td></td></tr>
<tr><td colspan="4">学生基于积极心理学原理的相关“三自”、“三素养”的认知得到发展。</td><td></td><td></td><td></td><td></td></tr>
<tr><td colspan="4">学生基于积极心理学原理的“三自”、“三素养”的可持续发展本领(技能)增长。</td><td></td><td></td><td></td><td></td></tr>
<tr><td colspan="4">学生参与活动过程积极，愿意或有实际的基于积极心理学原理的“三自”、“三素养”的行为，有这方面进一步学习或践行的愿望。</td><td></td><td></td><td></td><td></td></tr>
<tr><td>特色加分(15)</td><td colspan="2">加分理由：</td><td colspan="2">特色明显：(10—9)
特色较明显：(8—7)
特色一般：(6)
特色少或无：(5—0)</td><td colspan="4"></td></tr>
<tr><td>综合评定</td><td>总分</td><td></td><td>等第</td><td></td><td colspan="2">评议人/身份</td><td colspan="2"></td></tr>
<tr><td>评价说明</td><td colspan="8">1. 本表中的“积极心理学原理”，即积极心理学的积极的情绪体验、积极的人格特征(乐观)、积极的学习环境原理。“三自”，是指自律、自学、自信。“三素养”，即“三自”的各自意识、能力和行为习惯。2. 评价主体即表中的“评议人/身份”：为所有与课者(如 A. 执教者、B. 参与观摩课的教师、C. 家长、D. 学生、E. 相关专家和 F. 其他成员——只需填写字母代号。)3. 比值：各评价主体的比值相同，满分均为 115 分。4. 总分计算：由计分的各板块组成，特色部分计入总分，最后总分由各评价主体总分数除以总人数得出，但分值累计不得超过 115 分。5. 分数和等第间的转换：累积得分 115—90 分为优，89—75 分为良，74—60 分为中，60 分以下为需努力。</td></tr>
</table>

后记

自 1990 年回到家乡任教以来，至今已有三十余年，在东海之滨，历经九所学校，我自己也深受学校传统的滋养。九所学校中有不少都是农村学校，在家乡学校任教使我怀揣更强烈的教育情感。我之所以选择教师这个职业，是因为这个职业以千万人的理想为自己的理想，以千万人的追求为自己的追求。一直以来，我希望能够把握专业积累和专业发展，来寻找教师职业本身的乐趣。且思且行间，我对于学校改进积累了一些经验，于是不断有前辈教师鼓励督促要形成点东西。

回想起 1999 年，接受国家公派机会出国访学，行前到美国领事馆去办签证，签证官问我，“What's the goal of your training?”(你去培训目的是什么?)我回答说：“I want to learn how to run my school effectively and lively.”我就是来学习怎么样把自己的学校经营管理得更有活力和更有效率。时间已过去二十余年，我的探索仍在路上。本书也恰成了我回顾和反思过去经历的一个节点，学校文化是为了育人，从合作策略的探索、“温馨教室”建设、到融·化教育的价值教育考量，再到“三自”教育，我坚信学校的改进与发展需要看到实效，每一个学生的发展都需要被看到，需要获得教师的支持。“提升自己，成就他人。”我想这就是老师的职业价值和意义。有一分热，便发出一分光。

本著作的完成得到了刘京海校长的悉心指导，得到了浦东新区教育局、浦东新区教育发展研究院各位领导的全力支持。曾经的以及现在的各位同事老师更是赋予我最大的助力。在此，向本书的参与者和帮助者致以诚挚的感谢！期待本书的出版能够为农村学校的发展提供参考和借鉴。

图书在版编目(CIP)数据

融合化育：农村学校的强校之路 / 卫东浩著. —
上海：学林出版社，2022
ISBN 978-7-5486-1863-8

Ⅰ.①融… Ⅱ.①卫… Ⅲ.①农村学校—学校教育—研究—中国 Ⅳ.①G725

中国版本图书馆 CIP 数据核字(2022)第 173768 号

责任编辑 李晓梅
封面设计 周剑峰

融合化育：农村学校的强校之路
卫东浩 著

出　　版 学林出版社
（201101　上海市闵行区号景路 159 弄 C 座）
发　　行 上海人民出版社发行中心
（201101　上海市闵行区号景路 159 弄 C 座）
印　　刷 上海商务联西印刷有限公司
开　　本 890×1240　1/32
印　　张 6.25
字　　数 16 万
版　　次 2022 年 10 月第 1 版
印　　次 2022 年 10 月第 1 次印刷
ISBN 978-7-5486-1863-8/G·698
定　　价 68.00 元